JN098123

詳解

合同会社の法務と税務

鹿島台総合法律事務所
弁護士・税理士
安部慶彦
【著】

中央経済社

は じ め に

　本書は，税務弘報68巻4号から合計10回にわたって連載された「税理士のための合同会社の実務」の内容を基礎として，これに大幅な加筆修正を行ったものである。本連載は，実務上，合同会社を扱うにあたって特に留意すべき法務及び税務上の論点を中心に検討したものであるが，紙幅の関係上，十分に論ずることのできなかった論点や，そもそも取り扱うことのできなかった論点も多かった。そのため本書では，そうした点を補った上で，合同会社における法務と税務を可能な限り広く検討している。

　合同会社の法務・税務に関しては，優れた先行文献がいくつも存在しており，本書でもそれらを参照し，引用しているが，株式会社の法務・税務に関する文献と比べて，圧倒的に数が少ないのが実情である。また，いずれの先行文献も，合同会社の一般的な法務・税務に関して優れた検討がなされているが，他方で，やや込み入った法律上の論点や，実務上，必ずしも遭遇する頻度が高いとはいえないような詳細な，あるいは些細な（しかしながら事例によっては影響の大きい）法律上の論点については，会社法コンメンタールをはじめとする法律家等の専門家が参照するような専門書でないと詳細に論じられておらず，またその結果として，法律上の整理を前提とする税務上の論点については，ほとんど論じられていないのが実情である。

　すなわち特に，税務上の論点の検討にあたっては，私法上の法律関係の確定が必要である。理論上も「租税法律主義の目的である法的安定性を確保するためには，課税は，原則として私法上の法律関係に即して行われるべきである」（金子宏『租税法［第24版］』129頁（弘文堂，2021年））とされており，また実務上も，課税関係を検討する前に，まずは関係する私法を前提とした私法上の法律関係を検討することは当然のこととされている。そのため，合同会社の税務上の論点の検討に際しては，その前提として，会社法その他の私法に基づく法律関係の整理が検討されなければならない。しかしながら，上述のとおり，細

かい法律上の論点について取り扱う実務書が限られているため，そうした法律上の論点に関連する税務上の論点については，そもそもそれらを詳細に検討する素地が十分ではないのが現状なのである。

そこで本書では，そうした論点についてもできる限り触れるように心がけている。

さらに，本書は通読を想定しておらず，日常の実務において遭遇した論点に関して本書の一部のみを参照するような利用法を想定している。そのため，当然本書の別の箇所を参照することはあるものの，あえて重複を避けずに記載している箇所も多い。

本書が，近年，設立登記ベースでも実務上の肌感覚でも，利用が増加している傾向にある合同会社について，より広く，より深く実務に浸透する一助となれば幸いである。

最後に，とりわけ本連載及び本書の執筆にあたり，連載当初から日夜，平日・休日を問わず議論にお付き合いいただいた間所光洋税理士，連載当時から原稿に目を通し的確かつ時に著者の頭を悩ませるコメントを寄せていただいた木下岳人弁護士，そして一向に筆が進まず面倒ばかりをお掛けした中央経済社の川上哲也さんに，心より感謝を申し上げる。

2023年4月

安 部 慶 彦

目　次

第6章　計　算

第7章　組織再編・組織変更

第8章　解散・清算等

コラム ──────────

  ① 米国連邦税における合同会社の取扱い 19

  ② 会社か，組合か 30

  ③ 合同会社の設立 43

  ④ 合同会社に対する現物出資 51

  ⑤ 株式の信託との差異 72

  ⑥ 会社分割は包括承継事由か 78

  ⑦ 合同会社持分の担保化 80

  ⑧ 追加出資時の時価評価 97

  ⑨ 予告期間に満たない退社の意思表示 101

  ⑩ 死亡・合併は法定退社か 106

  ⑪ 未成年者・成年被後見人等の業務執行社員への就任 131

  ⑫ 辞任を制限する方向での定款の定め 150

  ⑬ グループ法人の中の合同会社と職務執行者 159

  ⑭ 合同会社の機関設計 163

凡　例

江頭・株式会社法　江頭憲治郎『株式会社法［第8版］』（有斐閣，2021年）

田中・会社法　田中亘『会社法［第3版］』（東京大学出版会，2021年）

相澤・論点解説　相澤哲＝葉玉匡美＝郡谷大輔編著『論点解説　新・会社法』（商事法務，2006年）

相澤・一問一答　相澤哲編著『一問一答　新・会社法［改訂版］』（商事法務，2009年）

相澤・立案担当　相澤哲編著「立案担当者による新・会社法の解説」別冊商事法務295号（2006年）

相澤・立案担当省令　相澤哲編著「立案担当者による新会社法関係法務省令の解説」別冊商事法務300号（2006年）

会社法コンメ　江頭憲治郎＝森本滋編集代表『会社法コンメンタール（全22巻＋補巻1巻）』（商事法務，2008年〜）

論点体系会社法　江頭憲治郎＝中村直人編著『論点体系会社法［第2版］（全6巻）』（第一法規，2021年〜）

新版注釈会社法　上柳克郎＝鴻常夫＝竹内昭夫編集代表『新版 注釈会社法（全15巻＋補巻4巻）』（有斐閣，1985年〜2000年）

松井・ハンドブック　松井信憲『商業登記ハンドブック［第4版］』（商事法務，2021年）

第 1 章

合同会社の歴史・概要

　合同会社の具体的な論点を検討するのに先立って，「合同会社」という会社が創設されるに至った経緯，合同会社が利用される主な事例，合同会社の特徴（どのようなコンセプトで設計されているか等）といった，合同会社の概要について概略的に見ていくこととする。

　合同会社の歴史やコンセプトが直接実務上の論点となることはないが，第2章以下で登場する各論点は，合同会社制度の歴史的背景や制度設計に基づいているものもあるため，理解の一助になるものと思われる。

I　合同会社の歴史・利用例

1　「合同会社」の創設

　合同会社は，2005年に成立し，2006年から施行された新会社法において初めて創設された，「会社」の一類型である（会社法2条1号）。

　それまで存在していた株式会社については，想定される利害関係人の権利義務があらかじめ法律上調整され，またパッケージ化されていたため，とりわけ少人数で設立・運営を行う場合であっても，自由な設計により会社運営を行うことが難しい側面もあった。また，合名会社及び合資会社も旧商法時代から設けられていたが，いずれの会社も無限責任社員が存在すべきものであり，実務上，これらが利用されるケースは極めて稀であった。

　こうした状況に対して，特に経済界から，構成員が有限責任でありながら，組合のような柔軟な組織設計が可能となる「日本版LLC（Limited Liability Company）」制度の導入が提言されていた[1]。こうした議論において「日本版LLC」は，米国LLCをモデルに，法人格を有しながら，組合のような運営の弾力性を有する団体を意味することが多かったが，これに加えて，税務上のパス

1　例えば，社団法人日本経済団体連合会「会社法改正への提言」（2003年10月21日）II.1.(3)（https://www.keidanren.or.jp/japanese/policy/2003/095.html）（最終閲覧：2022年11月30日。以下同じ。）参照

スルーエンティティとして議論されることが基本的であった。

　しかしながら，「日本版LLC」として実現した合同会社は，米国LLCをモデルにし，かつ「民法上の組合と同様の規律（原則として，社員全員の一致で定款の変更その他会社のあり方の決定が行われ，各社員が自ら会社の業務の執行に当たるという規律）」[2]が妥当する会社として創設され，その結果，定款自治が広く認められることとなったものの，税務上のパススルー性は認められず，株式会社その他の会社と同様，法人課税に服することとなったのである。

　こうして，税務上は株式会社も合同会社も同じ扱いとなることになったが，法律上は，合同会社における「組合的規律」が，合同会社と株式会社との間に違いを生じさせる一つの大きな要素（設計思想）となっている。すなわち，株式会社については，不特定多数の者が，容易に株主となりうるため，また，株式会社と安全に取引できるようにするため，株式会社の利害関係者の利益を法律によって手厚く保護することが望ましいとの観点から各種規制が設けられている等と説明されるのに対して，合同会社については，当事者間で最適な利害状況を自由に設定することにより，事業実施の円滑化を図る会社類型として整理されているのである[3]。

2　合同会社設立の動向

　合同会社の設立登記数は，合同会社が創設された2006年から法務省において統計が公開されている2021年にかけて，おおむね増加し続けている状況にある（**図表1−1参照**）[4]。株式会社の設立数と比較してもまだ3分の1程度ではあるが，令和3年（2021年）度においては，すでに新規設立される会社の3社に1社以上は合同会社である，ということもできる。また，株式会社の設立数はおおむね9万1千件から9万5千件の間を推移している（ただし令和3年（2021年）度は10万件近く設立されている）のに対して，合同会社の設立数は，平成28

2　相澤・一問一答175頁
3　相澤・立案担当154-155頁
4　法務省登記統計「結果の概要」（https://www.moj.go.jp/content/001373089.pdf）

年（2016年）度以降，１年当たりの設立登記数が増加し続けている。さらに，株式会社と合同会社の設立数比（ここでは合同会社設立数を株式会社設立数で除している。）で見ると，平成28年（2016年）度は約25.2％であったのに対して，令和３年（2021年）度では約37.5％となっており，新たに設立される合同会社の比率は増加傾向にある。こうした傾向は，今後も続くものと思われる。

　株式会社と比較して特に注目される点は，資本金別の構成比であろう。株式会社の場合，100万円以上300万円未満での設立が最も多くなっており（実際，設立時資本金を100万円とする例は実務上も多い。），令和３年（2021年）度で設立された株式会社の約80％は，資本金が100万円以上1,000万円未満となっている。他方，合同会社は半数以上が100万円未満の資本金で設立されており，全体の約80％ほどが300万円未満となっている。

　必ずしも資本金が会社の事業の大きさを適切に示しているわけではないものの，株式会社と比較して，合同会社のほうが小規模な事業からスタートしている傾向は示されているものと思われる。ただし，後で触れるとおり（第６章Ⅲ

【図表１－１】　株式会社及び合同会社の設立登記の推移

年次		総数	対前年比(%)	資本金階級別構成比（%）								
				100万円未満	100万円以上	300万円以上	500万円以上	1,000万円以上	2,000万円以上	5,000万円以上	1億円以上	10億円以上
株式会社	平成28年	95,019	1.5	16.0	33.3	19.4	24.1	4.7	1.6	0.6	0.3	0.0
	29	95,781	0.8	16.4	34.2	18.5	23.8	4.5	1.7	0.6	0.3	0.0
	30	91,073	−4.9	16.6	35.0	17.8	23.0	4.7	2.0	0.7	0.3	0.0
	令和元年	91,836	0.8	16.8	35.6	17.4	23.3	4.2	1.7	0.6	0.3	0.0
	2	89,328	−2.7	16.6	37.3	17.3	22.5	3.9	1.5	0.5	0.3	0.0
	3	99,190	11.0	15.6	39.0	17.6	22.1	3.5	1.3	0.5	0.3	0.0
合同会社	平成28年	23,944	7.0	49.4	29.3	7.7	12.8	0.6	0.1	0.1	0.1	0.0
	29	27,442	14.6	51.4	28.5	7.2	12.2	0.5	0.1	0.1	0.0	0.0
	30	29,243	6.6	51.1	29.9	7.4	10.7	0.6	0.1	0.1	0.0	0.0
	令和元年	30,733	5.1	50.7	31.0	7.5	9.9	0.6	0.2	0.1	0.1	0.0
	2	33,411	8.7	50.8	31.8	7.7	9.0	0.5	0.1	0.1	0.0	0.0
	3	37,275	11.6	48.2	33.2	7.8	10.1	0.5	0.1	0.0	0.0	0.0

参照），合同会社には資本金の組入規制が存在していないことから，設立時の出資総額がそのまま表れているわけではない。そのため，この統計資料から実態を把握することには限界がある。

3　合同会社の利用例

⑴　当初想定されていた利用例と実際

　合同会社は当初，その組織の柔軟性や構成員の少人数性を踏まえ，①ジョイント・ベンチャー型，②ベンチャー企業型，③専門家集団型，及び④投資ファンド型の4つの類型による利用が想定されていたようである[5]。しかしながら，実際には，証券化ヴィークル（例えば，TK-GKスキームなどが有名であるが，そのほか再生可能エネルギー事業のヴィークルとしても利用されているようである。），外国法人（とりわけ米国法人）の子会社，ファンド（LPS（Limited Partnership））の無限責任組合員（GP），個人の資産管理会社等として利用されることが多いとされている[6]。

　合同会社が，当初想定された利用法どおりに利用されていないのは，例えばジョイント・ベンチャー型であれば従前のとおり株式会社を設立し，出資企業間の権利関係は「出資契約」や「株主間契約」等の株主間で締結する契約に規定する方法が実務上行われており，契約条項も，実務の積み重ねにより相当程度洗練されてきていることから，こうした対応で実務上足りることが挙げられる。従来よりジョイント・ベンチャーの実務として合弁契約その他の契約を締結する方式が採られており[7]，あえて株式会社から合同会社に切り替えるインセンティブがないのである。また，ベンチャー企業においては，確かに設立時の柔軟な利益分配の定めや組織設計等（Ⅱ2⑵）は有用であると考えられるものの，資金調達の場面においては，すでに配当優先株式を利用する方法が実務上

5　宍戸善一「合名会社・合資会社・日本版LLC」ジュリスト1267号33頁（2004年）
6　江頭憲治郎編著『合同会社のモデル定款－利用目的別8類型－』7頁（商事法務，2016年）参照
7　例えば田中亘ほか編『会社・株主間契約の理論と実務－合弁事業・資本提携・スタートアップ投資』31頁以下（有斐閣，2021年）

確立されてきており[8]，合同会社のように定款において一から社員権を定める必要のある制度は利用しにくいのが実情であろう。

　さらに，ファンドとして利用するには二重課税を避けるためパススルーエンティティとすることが望ましいが，合同会社は後述のとおり法人課税の対象となってしまい，パススルーエンティティである投資事業有限責任組合と比べて優位性がないことなどが考えられる[9]。とりわけ，いわゆるGPとしてファンドに関与する個人に対する課税関係については，金融庁自らが，国税庁へも確認を行い，その結果をHPにおいて公表していることからも[10]，パススルーエンティティを用いることがスタンダードとなっているといえよう。

(2)　合同会社の実務上の利用例

　以上に対して，証券化ヴィークル，ファンドのGP，資産管理会社等として利用されるのは，社員全員が有限責任であることを前提に，株式会社と比較して設立が容易かつ低コストであることや，合同会社の管理運営が株式会社と比して柔軟であることなどが挙げられよう[11]（以上に加えて，とりわけ証券化の文脈においては，合同会社に会社更生法が適用されないため，銀行その他のレンダーに好まれることが挙げられている。）。

　また，外国法人（とりわけ米国法人）の子会社として利用されるのは，国によっては合同会社がパススルーとして扱われるためである。日本の法人税法の下では，合同会社は法人課税に服するため，合同会社の所得は合同会社レベルにおいて課税されることとなるが，例えば米国連邦税においては合同会社をパススルーエンティティとして選択することができ，その結果，合同会社の所得はすべて合同会社の社員（親会社）である米国法人の所得として扱われること

8　田中ほか・前掲（注7）156-158頁

9　以上について江頭・前掲（注6）8 -10頁も参照

10　金融庁「キャリード・インタレストの税務上の取扱いに係る公表文」（https://www.fsa.go.jp/news/r2/sonota/20210401.pdf）

11　ホワイト＆ケース法律事務所編著『TK-GKストラクチャーによる不動産SPCの法務・税務Q＆A』6頁（税務経理協会，2014年）

となる。いわゆる「チェック・ザ・ボックス規則」などと呼ばれる制度であり，米国連邦税においては，一定のエンティティについて法人課税かパススルー課税かを選択できることとされている。そのため，例えば日本子会社である合同会社において，ある期に損失が生じた場合，親会社である米国法人においては当該損失を自己の損失として取り込むことができる結果，米国法人の課税所得を減少させることができることとなる。実際，米国企業が日本で事業を行う場合や，米国企業が日本の企業を買収するような場合には，合同会社を利用する例が多くなっている。

コラム①　米国連邦税における合同会社の取扱い

米国においてはCorporationsが法人所得課税の対象となり（Internal Revenue Code（以下「IRC」という。）§11(a)），連邦税法上，一定の事業体は自動的にCorporationsとして扱われるが（Tres.Reg.§301.7701-2(b)），S Corporationは，法人課税の対象外となり，構成員課税となる（IRC§1363(a)）。S Corporationは小規模事業会社（small business corporation）であることが必要であり，その要件は大要，株主数が100人以下であること，株主が個人として扱われるものであること，株主が米国居住者であること，1種類のみの株式を発行していること，米国法人（domestic corporation）であること，並びに，S Corporationを選択したことである（同§1361(a)(1)，(b)(1)）。S Corporationとならない場合はC Corporationと呼ばれ（同§1361(a)(2)），法人課税の対象となる。

他方，米国LLCについては，一般的に上記Corporationsには直ちに該当しないとされており※，この場合，適格事業体（eligible entities）として，構成員が1名であればその構成員自身として，構成員が複数名であれば組合（partnership）として扱われる（すなわちパススルーエンティティとなる。）（Tres.Reg.§301.7701-3(b)(1)）。ただし，適格事業体である米国LLCは，Corporationsとしての課税を選択することができる（同(c)）。

そして，日本法上の株式会社はCorporationsとして，合同会社は適格事業体としてそれぞれ扱われることとなる（株式会社はTres.Reg.§301.7701-2(b)(8)(i)においてCorporationsとしてリストアップされているが，合同会社はされていない。）。そのため，合同会社が法人課税を選択しない限り，米国連邦税法上，

合同会社はパススルーエンティティとして扱われるのである。

こうした合同会社の米国連邦法上の扱いについては，米国籍の個人や法人が社員とならない限り関係ないようにも見える。しかしながら，例えば合同会社が米国から支払を受ける場合にも必要となる知識である。すなわち，日米租税条約に基づく源泉徴収の免除等を受けられる場合には，個人であればForm W8-BEN，団体であればForm W8-BEN-Eを支払者を通じて米国内国歳入庁（IRS）に提出する必要があるところ，当該フォームを提出するに際して合同会社の性質を確定させておく必要がある。また，米国における納税者識別番号（Taxpayer Identification Numbers）の選択や，その一つである雇用者識別番号（Employer Identification Number）の取得に際して提出するForm SS-4等の書類においても，やはり合同会社の取扱いを確認しておく必要があるのである。

なお以上に対して，州税等の地方税については，上記と異なったルールが適用されうることとなるため注意が必要である。

（※）　Internal Revenue Service, *LLC Filing as a Corporation or Partnership*, available at https://www.irs.gov/businesses/small-businesses-self-employed/llc-filing-as-a-corporation-or-partnership

Ⅱ　合同会社の特徴

1　総　論

上記のとおり，合同会社は組合的規律が妥当する（定款自治が広く認められた）会社であるとされており，機関設計や社員の権利義務について，定款で比較的自由に規定することができる。実際，会社法においても，原則的なルールを定めつつ，「定款に別段の定め」があるときにはそれに従う，とする規定が多く見られる。

その一方で，合同会社は会社の一類型であり（会社法2条1号），法人格を有していることから（会社法3条），他の法人と同様，自己の名で契約を締結し，財産を保有し，義務を負うことができ，また，法人税の納税義務者となる（法

人税法4条1項，2条3号）。このような特徴は株式会社と同一のものであるため，とりわけ小規模な取引や個人の資産管理会社として合同会社が利用される場合には，通常の会社運営の中で株式会社との違いを意識する機会はほとんどなく，結果的に，株式会社と全く同じものとして扱われていることも多いのが実態である（実務上，わかりやすさの観点から，合同会社であるのに「持分」や「社員」ではなくあえて「株式」や「株主」と呼称したり，「業務執行社員」ではなく「取締役」と呼称したりすることも多い。）。

　しかしながら，確かに合同会社と株式会社は共通する部分が多いものの，両者は本質的なところで異なっている部分も多い。本書ではそうした合同会社と株式会社との相違点に着目しながら検討を行うが，以下では，そのイントロダクションとして，合同会社と株式会社の類似点と相違点を簡単に確認しつつ，また必要に応じて，類似する組織体と比較しながら，合同会社の特徴を見ていくこととする。

2　株式会社との対比

⑴　株式会社との類似点

　合同会社と株式会社とは，主に①法人格を有している点，②法人課税の対象となる点，及び③社員の責任が有限責任である点（すなわち会社の社員（株主）は，会社の債権者に対して，会社に出資した金額の限度でしか責任を負わず，債権者に対して出資した金額以上の責任を負わない。なお，合同会社も株式会社も，社員（株主）になるためには出資の約束では足りず，現実の出資を要する（会社法34条1項，209条，578条，604条3項）。）が共通している。

　そのため，例えば小規模事業を営む場合，株式会社を利用したときでも，合同会社を利用したときでも，日常の業務そのものに大きな差は生じない。すなわち，新たに契約関係に入る場合には会社の名前で契約すればよいし，確定申告も会社が納税者として行うこととなり（確定申告書の記載内容も大きく変わるところはない。），会社としてリスクをとる場合にも，社員（株主）の財産に対する影響を考える必要は基本的にない。日常業務における差異について強いて

いえば，契約書等の署名欄に，株式会社であれば「代表取締役」や「取締役」，合同会社であれば「代表社員」や「業務執行社員」として表記される点であろうか。

したがって，いったん設立してしまえば，合同会社を利用している場合において，株式会社との違いを意識する機会はさほど多くはなく，その差が認識されないまま利用されているとしても無理からぬところがある。

(2) 株式会社との相違点

他方で，合同会社と株式会社とは仕組みが大きく異なっている点も多い。詳細は個別の章に譲るとして，本章では，組合的規律に基づくことによる違いが最も大きく表れている，①所有と経営の分離が図られておらず機関設計に関する規制が少ない点と②利益配当に関する考え方が異なる点について見ていく。

ア 所有と経営の分離・機関設計

「所有と経営の分離」とは，会社の経営機構が，構成員たる株主から分離して存在していることをいう[12]。

(ア) 株式会社

株式会社の場合には，一定の重要事項以外の経営事項については基本的に取締役や取締役会の判断に委ねられており，構造上，所有と経営の分離が可能な仕組みとなっている。ただし，株主がそのまま取締役を務めることも可能であり，所有と経営が必ずしも分離していなければならないわけではない。実際，株主がそのまま取締役を務めている会社は多く存在しており，厳密な意味で所有と経営の分離が求められているのは公開会社（上場会社等の株式の譲渡に制限がない会社（会社法2条5号参照））等，極めて少数に限られる。

また，株式会社の機関設計については会社法上多くの規定が置かれており，機関設計の自由度は低い（例えば，取締役会を置く場合には監査役を置かなければ

12　田中・会社法16-17頁

ならなかったり，公開会社である大会社は監査役会及び会計監査人を置かなければ
ならなかったりする等，設置する機関について細かく定められている（会社法327条，
328条)。)。言い換えれば，株式会社の機関設計はカタログ化されており，会社
の規模や運営方針に応じて，適切な機関設計を選択することとなる。さらに，
各機関の役割は明確に定められている。例えば，取締役会設置会社の場合，株
主総会で決議できる事項は会社法に定める事項及び定款で定めた事項に限られ
ていたり（会社法295条2項），取締役会で必ず決議しなければならない（個別の
取締役に委任することができない）事項が定められていたりしている（会社法362
条4項）。

　こうしたカタログ化は，会社側としても一から機関設計する手間が省くこと
ができ，さらに，新たに株主となる者や取引を行おうとする者にとっても，い
ずれの機関決定が必要なのか，会社側の代表者として契約締結している者が本
当に権限を有しているのかどうか，といった点について判断がつきやすいとい
うメリットがある。

　㋑　合同会社

　以上に対して合同会社の場合，出資を行った者である社員が業務執行を行う
ことが前提とされており（会社法590条1項），所有と経営の分離は当初より図
られていない。むしろ，第5章Ⅰ1(5)のとおり，会社の業務執行を社員ではな
い第三者に委任することがほとんど想定されていない作りになっている（会社
法590条，591条参照）。

　さらに，合同会社は広く定款自治が認められているため，機関設計や社員の
権利内容等について強行規定がほとんど存在していない[13]。機関設計について
見れば，会社法は，社員，業務を執行する社員（以下「業務執行社員」という。）
及び合同会社を代表する代表社員について定めているほかは，機関に関する規
定を置いていないのである。したがって，合同会社が社員の他にどのような機
関を設置しても，各機関の職掌をどのように規定しても，基本的に自由という

13　相澤・一問一答175頁

ことである。例えば，社員総会を設置し取締役会設置会社における株主総会と同様の役割を持たせつつ，業務執行については個別の業務執行社員に委任し，取締役会のような業務執行に関する会議体を一切設けないような合同会社もありうる。

なお，株式会社の場合でも，任意に，独自の機関を設置することは可能である。例えば，社内規程を設けて報酬委員会を設置したり，取締役に加えて，法令上は取締役ではない従業員の一部を理事として指名し，理事と取締役で構成する理事会を設置したりする会社もある。株式会社と合同会社との違いは，株式会社においては一定の機関の設置や組合せが法定され，これに反する機関設計を採ることができないのに対して，合同会社にはこのような制約が極めて限定的であることにある。

イ　利益の配当

次に，株式会社の利益配当は，これまで会社に蓄積してきた分配可能額（その他資本剰余金及びその他利益剰余金の合計額に一定の調整を加えたもの）（会社法461条2項）の範囲内で，その時点における株主に対して行う（会社法461条1項）。そして，配当を行う場合には，原則としてすべての株主に対してその有する株式数に応じて行うこととなる。ただし，剰余金の配当について内容の異なる種類株式を発行している場合や，属人的株式に関する定めを定款に置いている場合には，種類株式ごと又は株主ごとの配当が可能となる（会社法109条2項，454条2項）。これらの配当優先（劣後）株式や属人的株式は，スタートアップ型の企業が投資家から出資を受け入れる際に利用されることも多い[14]。こうした実務が確立しつつあることも，スタートアップ型の企業が合同会社を利用する必要がない理由の一つとなっていると考えられる。

これに対して，合同会社の利益配当に関する仕組みは全く異なっている。まず，合同会社に生じた毎年の損益は，定款の定めに基づいて各社員に分配され

14　例えば宍戸善一ほか編『スタートアップ投資契約－モデル契約と解説』26頁以下（商事法務，2020年）等参照

る（会社法622条1項）。ただし，この「損益の分配」は現実に会社財産を各社員に分配することではなく，社員において課税所得となりうるものでもない（これは合同会社が法人課税を受けることによる当然の帰結でもある。）。合同会社における損益の分配とは，あくまで計算上において合同会社の損益を各社員に帰属させることにすぎない。そして毎期の損益の分配を前提として，合同会社は社員に対して利益の配当を行うことになる。ここで「利益の配当」とは，各社員に帰属した損益に基づいて現実に会社財産を各社員に交付することをいう[15]。

　なお，合同会社の配当の対象になるのは，株式会社とは異なり，利益剰余金のみである。そして，合同会社の損益の分配割合は自由に定めることができ（会社法622条1項），利益の配当は社員ごとに行うことができるため（会社法621条1項），株式会社と比較して柔軟な配当が可能になるのである。例えば，特定の社員に対して，出資比率より大きい割合で損益を帰属させたり，ある年度に特定の社員に対して配当を行ったりすることも可能である。このような規定は，組合の損益分配に関する規定と類似したものである（民法674条）。

3　組合との対比

　一般に組合とは「数人の者が，互に協力して共同の目的を遂行するために成立する結合体，すなわち広い意味での団体の一種である」[16]とされ，民法上，組合契約において，各当事者が出資をして，共同の事業を営むことを合意することによって成立する（民法667条1項）。

　民法の規定に基づいて組成された組合を，他の組合と区別するため，実務上「任意組合」（又はNK）などと呼んでいる。また「組合」の名称が付されたものとして，匿名組合（TKと略される。商法535条），有限責任事業組合（LLPと略される。有限責任事業組合法2条），及び投資事業有限責任組合（LPSと略される。投資事業有限責任組合法2条2項）等がある。こうした組合と合同会社との違い

15　会社法コンメ⑮64頁［伊藤靖史］

16　我妻榮『債権各論中巻二』745頁（岩波書店，1962年）

は多岐にわたるが，とりわけ実務上重要な点に絞って，その差異を検討する。

(1) 任意組合との比較

　まず任意組合は，上記のとおり，各当事者の出資に基づいて共同して一定の事業を営む形態をいう。

　会社との最も大きな違いは法人格の有無である。すなわち，組合には法人格がないことから，組合そのものが権利義務の主体となることはできず（したがって，例えば組合が土地を取得する場合についても，組合名義で登記することはできない。)[17]，また，法人課税の対象とならないため，組合収益は直接，組合員において課税される（法人税法4条1項参照）。

　任意組合には法人格がないことから，組合財産は，組合が保有するのではなく，組合の構成員である組合員の共有（講学上は「合有」と表現される。）とされている（民法668条）。

　さらに，任意組合においては，全組合員が無限責任を負う（民法675条参照）。したがって，組合員は，組合員が出資した以上の金額の債務を負う可能性がある。この点が，任意組合の利用を回避させたり，任意組合と合わせて有限責任である別の法人や組合等を介在させたりする理由となることも多い。なお，会社との比較の観点では，合名会社と類似しているといえる。

(2) 匿名組合との比較

　次に匿名組合は，匿名組合員が営業者のために出資をし，営業によって生じた収益を匿名組合員に分配することを内容とする（商法535条）。

　匿名組合は，会社や他の組合と異なり，匿名組合員の出資した財産はすべて営業者個人の財産として営業者に帰属する（商法536条1項）。したがって，匿名組合員は営業者に対して利益配当請求権を有するだけで，出資された「匿名

17　我妻・前掲（注16）755頁。なお，同書において，組合について法人格を付与するかどうかは立法政策の問題であるとされ，組合の実質を持ちながら法人格を与えられているものとして合名会社が例示されている。

組合財産」に対する持分等の権利は一切有しない。この点においては，会社と類似しているとも言いうる。

　また，匿名組合員は出資債務以外の債務を負うことはなく，その意味で，匿名組合員については有限責任であるといえる（商法536条4項）。

　なお，匿名組合における課税については，組合と異なり匿名組合員の出資は営業者の財産に属するため，組合におけるようなパススルー課税は採用されていないが，実質的にこれと類する取扱いがなされている（所得税基本通達36・37共－21，21の2，法人税基本通達14－1－3）[18]。この場合，個人が匿名組合員であるときは，その所得分類は原則として雑所得となる（所得税基本通達36・37共－21）。こうした取扱いは，法人課税に服する会社とは異なったものである。

(3)　有限責任事業組合との比較

　続いて有限責任事業組合は，組合員が出資を行い，それぞれの出資の価額を責任の限度として共同で営利を目的とする事業を営むものをいう（有限責任事業組合法3条1項）。

　任意組合と同様，法人格がなく，組合員はパススルー課税に服するが，組合員の責任が有限責任となっていること（上述）や組合員全員が業務執行に参加しなければならないとされていること（有限責任事業組合法13条2項参照）が大きく異なっている。こうした点は，法人格の有無を除いて，特に合同会社と類似する部分である。なお，組合員全員が業務執行に参加すべきとされているのは，有限責任事業組合の制度趣旨に加えて，損失の取込だけを狙った租税回避を防ぐためともされている[19]。このような制約に反して，特定の組合員のみが業務遂行を行っている場合には，単なる任意組合にすぎないとして，有限責任性が否定されるリスクが生じうるため，留意が必要である。

18　樫田明ほか共編『所得税基本通達逐条解説［令和3年版］』458-460頁（大蔵財務協会，2021年），髙橋正朗編著『法人税基本通達逐条解説［十訂版］』1443-1444頁（税務研究会出版局，2021年）

19　経済産業省産業組織課「LLPに関する40の質問と40の答え」（平成17年6月）24頁（https://www.meti.go.jp/policy/economy/keiei_innovation/keizaihousei/pdf/faq.pdf）

　さらに，有限責任事業組合は存続期間の定めを置くことが必須となっている（存続期間を定めないことができない。）（有限責任事業組合法4条3項6号）。

　なお，設立にあたっては，任意組合や匿名組合と異なり登記が必要となる（同法57条）。

(4)　投資事業有限責任組合との比較

　最後に，投資事業有限責任組合は，その名のとおり，各組合員が出資を行い，共同で一定の投資事業（投資事業有限責任組合法3条1項各号に列記されている。）を営むものをいう（同項本文）。

　任意組合及び有限責任事業組合と同様，法人格がなく，パススルー課税とされているが，無限責任組合員と有限責任組合員が存在し，前者が無限責任，後者が有限責任とされていること（投資事業有限責任組合法9条），組合の業務執行は無限責任組合員が行うこと（投資事業有限責任組合法7条），事業内容が投資事業に限られていること（上述）が異なっている。こうした有限責任と無限責任の組合せは，合資会社と類似している。

　また，有限責任事業組合と同様，存続期間の定めが必須であり（投資事業有限責任組合法3条2項7号）[20]，設立にあたっては登記が必要とされている（投資事業有限責任組合法17条）。なお，投資事業有限責任組合については，経済産業省より公開され数度にわたって更新されているモデル契約及びその解説が存在している[21]。

(5)　各事業体との比較・まとめ

　以上を前提に，株式会社，合同会社及び上記各組合との差異を簡単にまとめると，**図表1-2**のとおりとなる。

20　経済産業省経済産業政策局産業組織課編「投資事業有限責任組合契約に関する法律【逐条解説】」（平成17年6月1日改訂）35-36頁
21　経済産業省「投資事業有限責任組合契約（例）及びその解説」（平成30年3月）（https://www.meti.go.jp/newbusiness/data/20180402006-2.pdf）

【図表1－2】　各事業体の比較

	株式会社	合同会社	任意組合	匿名組合	LLP	LPS
法人格	あり		なし			
事業内容の制限 (注1)	なし				なし (注2)	あり
業務執行	取締役	各社員（業務執行社員への委任可）	各組合員（業務執行者への委任可）	営業者	各組合員（全組合員が何らかの業務を執行）	無限責任組合員
機関設計の自由度	低（会社法による制約）	高（ただし社員のみが業務執行可能）	高（組合契約等において自由に定めることができる）(注3)			
構成員の責任	有限責任		無限責任	営業者：無限責任　匿名組合員：有限責任	有限責任	無限責任組合員：無限責任　有限責任組合員：有限責任
登記の要否	必要		不要		必要	
課税関係	法人課税		パススルー課税			

(注1)　事業内容によっては，別途，業規制その他法令上の制約がありうる。

(注2)　ただし，公認会計士，弁護士，司法書士その他のいわゆる士業関係の業務や，宝くじ，競馬その他の賭事に関する業務は明示的に除外されている（有限責任事業組合法施行令1条，2条）。

(注3)　有限責任事業組合では意思決定方法について制約が課せられていたり（有限責任事業組合法12条），投資事業有限責任組合では実務上，諮問委員会（アドバイザリーボード）や投資委員会など，一定の機関を設置する例も比較的一般的になっていたりする（例えば上記モデル契約18条参照）など，種類によって多少の差異がある。

コラム② 会社か，組合か

　新たに何らかの事業体を設立しようとする際に会社（法人）形態か組合形態か
で検討される場面は，実務上限られている。多くの第三者と取引を行い，いわゆ
る「実業」を行う場合，会社名義で契約を締結できる会社（法人）形態が好まれ，
中でも知名度が高い株式会社の信用性が最も高い。さらに，事業用財産の中には
登記登録が必要なものも多く（例えば不動産や自動車），こうした財産を組合名
義で登記登録できないのは大きな制約となりうる。

　実際に会社か組合かで検討がされるのは，日常的に多数の契約関係が生じるこ
とが想定されていない，特定の事業目的のみのために設立される箱（いわゆる
SPV）としての利用や証券投資目的での利用である。例えば，ファンドにおいて
は，投資主体としては投資事業有限責任組合が利用されるが，無限責任組合員は
無限責任となることから，ファンド運営者本体への影響を避けるため，無限責任
組合員となる事業体を別途設立することが多い。この際に，合同会社か有限責任
事業組合かで検討がなされ，パススルー課税を重視するか，業務執行を一定の社
員に限定できるか，といった視点から検討がなされる。他方で，不動産を取得す
ることやデッドファイナンスが想定されているSPVであれば，登記や持分の担保
提供等の観点から，会社形態が選択され，また会社と組合が組み合わされること
となる※。

（※）　例えば，不動産ファイナンスにおけるGK-TKスキームについて西村あさひ法律事
　　　務所編『ファイナンス法大全（上）［全訂版］』676頁以下（商事法務，2017年），プ
　　　ロジェクト・ファイナンスに関して西村あさひ法律事務所編『ファイナンス法大全
　　　（下）［全訂版］』156頁以下（商事法務，2017年）

第 **2** 章

設　立

　会社の設立において合同会社が選択される場合，その主な理由の一つとして，合同会社の設立は株式会社より短時間，容易かつ低廉であることが挙げられよう。特に設立を急いでいる場合や費用を低く抑えたい場合には，合同会社が魅力的な選択肢となるものと考えられる。

　本章では，会社の設立における合同会社の特徴について，株式会社と対比しながら検討を行う。

I　合同会社の設立の概要

　会社設立に関する，株式会社との対比における合同会社の主な特徴をまとめると，**図表2-1**のとおりである。

　以下では，これらの特徴について一つずつ見ていくこととする。

【図表2-1】　会社設立に関する特徴

	株式会社	合同会社
定款認証	必　要	不　要
現物出資に関する規制	変態設立事項 （原則として検査役 選任が必要）	特になし
資本金組入規制	あ　り	な　し
登録免許税	最低15万円	最低6万円
出資行為の取消し等	不　可	可　能

Ⅱ　設立手続

1　定款の作成

⑴　作成者と認証

　株式会社を設立する場合も，合同会社を設立する場合も，まずは会社の「定款」を作成する必要がある。定款とは，民法上の組合契約に相当するもので，会社の最高の自主規範である[1]。

　株式会社の場合，この定款を作成するのは「発起人」である（会社法26条1項）。株式会社の設立においては，この発起人が中心となって必要となる手続を進めていく。また，株式会社の定款は，公証人の認証を受けなければ効力を生じない（会社法30条1項）。したがって，株式会社設立にあたっては公証人役場への予約等が必要となるため，スケジュールに留意が必要となる（実務上は，設立準備開始から登記申請まで2週間から1か月程度見ておくのが一般的であるように思われる。）。また，定款認証手数料（1件3万円〜5万円）及び謄本請求手数料（1ページ当たり250円）も必要となる。ただし，昨今では電子定款認証も利用されており，この場合には電磁的記録の保存や同一の情報の提供として手数料が若干異なるほか，下記印紙税が不要となる。

　これに対して，合同会社の場合は，合同会社の社員になろうとする者が定款を作成する。株式会社との大きな違いは，合同会社の定款については公証人の認証が求められていないことにある。そのため，合同会社は定款作成後すぐに登記手続に移ることができ，その分早く設立手続を終えることができる。また，定款認証手数料等がかかることもない。

　なお，株式会社及び合同会社に共通して，その定款には4万円の印紙を貼付しなければならないが（印紙税法2条，別表第一第6項6号），電子定款は印紙

1　田中・会社法7頁

税法上の「文書」に当たらず，課税文書とならないため，印紙の貼付は不要となる。そのため，実務上は，株式会社も合同会社も，電子定款とすることが多い[2]。

(2)　原始定款における留意点

　合同会社の定款記載事項は，法令上記載が求められるもの（絶対的記載事項，会社法576条1項），会社法上規定しなければ効力を生じないもの（相対的記載事項，会社法577条）及び会社法に違反しないもの（任意的記載事項，同条）とに分けられる（各事項の概要については**図表2−2**を参照）。なお，相対的記載事項については第3章Ⅲ2も参照。

【図表2−2】　定款記載事項の概要

絶対的記載事項	目的，商号，本店所在地，社員の氏名等及び住所，社員がすべて有限責任社員である旨，社員の出資の目的及び価額
相対的記載事項	業務執行社員の定め，社員持分の一般承継に関する定め，損益分配割合に関する定め　等
任意的記載事項	社員総会に関する定め，事業年度の定め　等

　合同会社の具体的な定款記載事項と株式会社のそれとは，株式会社との機関の違い等により異なってくる部分も多い。詳細については次章以降で個別に触れることとするが，とりわけ合同会社の原始定款において留意すべき点は以下のとおりである。

ア　業務執行社員

　合同会社の業務執行は原則として全社員が行うことができるが，別途，業務執行社員を定款で定めた場合には，業務執行社員が合同会社の業務を執行する（会社法590条1項，591条1項）。ここで，合同会社の登記においては「業務を執

2　森本滋編『合同会社の法と実務』55-56頁（商事法務，2019年）参照

行する社員」の氏名・名称が登記事項とされているため（会社法914条6号），業務執行社員の定めがないと全社員の氏名・名称が登記される（さらに，「合同会社を代表する社員」については，住所も登記される（同条7号）。）。これに対して，業務執行社員を定めておけば，業務執行社員のみが登記される。

　もちろん，設立後に定款変更を行い，業務執行社員を別途定めることも可能であるが，いったん社員として登記されてしまうと，登記簿上には過去の記録として残り続けてしまう。そのため，特に社員の氏名や住所を秘匿する必要性がある場合には，当初より業務執行社員を定めておく必要がある。

　なお，第1章でも述べたとおり，合同会社は外国法人の子会社となる場合も多いところ，外国法人が代表社員又は業務執行社員となる場合には，当該外国法人の職務執行者を定める必要がある（詳細については第5章Ⅰ5で触れる。）。これについて，従来，代表社員又はその職務執行者のうち少なくとも1名は国内に住所を有している必要があったが，現在では代表社員及びその職務執行者の全員が外国に住所を有していてもよいと考えられる[3]。

イ　社員持分の一般承継

　株式会社においては，個人株主が死亡した場合，その株主が有していた株式は，原則としてその相続人に対して相続され，また法人株主が合併して消滅した場合には，存続会社がその有していた株式を承継することとなる。

　しかしながら，合同会社においては，社員が死亡した場合や合併で消滅する場合，法定退社事由とされており，定款で別段の定めがある場合にのみ，相続人や存続会社に対して持分が承継される（会社法607条1項3号・4号，608条1項）。したがって，資産管理会社や子会社等，社員が1人しか存在しない，いわゆる一人会社である場合に，社員持分が一般承継される旨の規定がないと，相続が発生した場合や親会社が合併して消滅した場合に，唯一の社員が退社となってしまい，その結果合同会社が解散することとなってしまう（会社法641条

---

[3]　平成27年3月16日法務省民商第29号，登記研究808号146頁（2015年）

4号）。

　原始定款は後から変更することも可能であるが，とりわけ社員が個人の場合や，最終的に合併による消滅が想定されている場合はもちろん，意図的に社員の死亡等によって持分が承継されないようにしたい場合を除いて，基本的に原始定款から上記規定を入れておくのが好ましい。

ウ　損益分配の割合

　合同会社の損益は毎期において定款で定めた割合で（定めがない場合には出資額に応じて）分配され，これに基づいて利益の配当が行われる（会社法622条1項）。そして，この定款の定めを置くか否かは原始定款を作成する時点において固めておくべきであると考えられる。なぜならば，ひとたび合同会社が設立され，実際に利益が発生するようになった後にこの割合を変更する場合には，一定の税務リスクを伴うと考えられるためである。詳細は第3章で検討する。

2　出　資

　社員になろうとする者は，定款の作成が完了した後，設立登記までの間に，出資の全額を払い込む（会社法578条）。

　出資の払込段階ではまだ会社は設立されておらず，会社の銀行口座も存在しないため，現金出資の場合，実務上，代表社員（となる者）の有する銀行口座に振り込むことで出資を行い，当該代表社員が出資金領収書を発行している（そして，この領収書は，設立登記において必要となる出資に係る払込みがあったことを証する書面として利用することができる[4]。）。

　なお，株式会社における見せ金や預合いのような仮装払込みについては合同会社においても問題となりうるが，その取扱いについて会社法上の明確な規定や解釈は見当たらず，事案に応じて個別に検討する必要がある。合同会社は全社員が有限責任であり，合同会社の債権者に対する保護が必要である反面，合

4　松井・ハンドブック643-644頁

同会社は資本金組入規制がないこと等を考慮することになろう[5]。

　合同会社の出資における株式会社との主な差異は，大きく3点に分けられる。

(1)　現物出資規制

ア　現物出資に対する規制

　1点目は，現物出資に関する点である。株式会社の場合，設立時に現物出資を受け入れるときには，定款に出資者の氏名や出資財産の価額を記載する必要があり，さらに定款認証後，出資財産の価額が500万円を超えない場合等一定の場合を除き，検査役選任の申立てを裁判所に行う必要がある（会社法28条1号，33条1項・10項各号。いわゆる「変態設立事項」）。これは，現物出資が発起人又は第三者の利益のために濫用され，会社の財産的基礎を危うくする危険があり，他の株主や会社債権者を害するおそれがあるためであるとされる[6]。もし現物出資財産の価額が定款に記載された価額より著しく低いときには，発起人及び設立時取締役が連帯して不足額をてん補する責任を負う（会社法52条1項）。

　これに対して合同会社は，現物出資にあたって検査役の選任は必要なく，また上記のようなてん補責任もない（ただし，合同会社は定款に出資の目的及び価額を記載する必要があるため，現物出資であっても金銭出資であっても定款に記載されることになる（会社法576条1項6号）。）。

　実務上，現物出資に際して検査役の選任が申し立てられる事例は極めて少なく，特に設立に際して現物を出資したい事情がある場合には合同会社を利用するか，株式会社にいったん現金出資を行い，その後，現物出資をしようとしていた財産を売買することによって，検査役の規制を回避しているのが実情である（ただし，株式会社については事後設立に関する規制がある（会社法467条1項5号）。）。

　合同会社における現物出資の取扱いが株式会社と異なっている理由について，立案担当者は，現物出資であっても持分を対価として財産を取得すれば会社財

5　この論点については会社法コンメ(14)64頁以下［今泉邦子］参照

6　会社法コンメ(2)15頁［川村正幸］

産は純増することから，その評価にかかわらず会社債権者は特に不利益を受けず，また総社員の一致により出資の目的及び価額を決めることとされているため，株主間の価値移転の問題も考慮する必要はないと説明している[7]。しかしながら，こうした説明が株式会社と異なる取扱いをする根拠となっているかについては疑問もある。

イ　金銭以外の出資と評価

合同会社の出資対象は「金銭等」とされている（会社法576条1項6号括弧書）。金銭等とは「金銭その他の財産」をいい（会社法151条1項本文），会社がその評価額を定めることができない財産を出資の目的とすることはできない[8]。したがって，信用や労務そのものを出資の対象とすることはできないこととなるが，信用や労務に基づく報酬債権を出資の対象とすることはできるとされている[9, 10]。

しかしながら，設立の段階においては合同会社に対する労務の提供は未だ存在しておらず，実務上その金銭的な評価は極めて困難である。そのため，合同会社に対して特殊な労務を提供する場合，むしろ損益分配割合において調整を行うことになるのではないかと思われる。例えば，合同会社の業務に際して特殊な知見や経験を活かした労務提供を行い，その結果として，出資割合を超えて合同会社の損益を帰属させることが考えられる。そしてこうした取扱いは，その割合について経済合理性をもって説明可能である限り，税務上問題となる可能性は低いと考えられる。

例えば，ファンド（投資事業有限責任組合）の無限責任組合員（GP）は，有限責任組合員（LP）よりも利益分配の割合を大きく設定されており，一般的には，投資元本を超える部分について，無限責任組合員に対して20%が分配され，残りが出資割合に応じて分配されている[11]。上記のような損益分配の方法もこ

7　相澤・立案担当155-156頁
8　相澤・立案担当156頁
9　相澤・立案担当156頁
10　なお，合名会社や合資会社の無限責任社員や，任意組合の組合員については労務出資が認められている（無限責任社員について会社法576条1項6号括弧書，任意組合について民法667条2項）。

うしたファンドにおける取扱いと本質的には同様であると考えられる。ただし，ファンドの場合にはこうした割合が実務上浸透しており，経済合理性の「基準」として働いているということができるが，合同会社の場合には，提供される労務は様々である上，ファンドの場合には無限責任組合員のみが業務を執行するのに対して（第 1 章Ⅱ 3⑸参照），合同会社の場合には労務提供する社員以外の社員による業務執行も当然に想定されることから，提供される労務がどのくらいの割合をもって合同会社の損益に貢献しているかについて，経済合理性をもって説明を行うのは困難であることも多いと考えられる。

　類似の問題として，合同会社持分の評価に関する問題がある。これについては第 3 章Ⅵ参照。

⑵　出資に伴う資本金の額

　株式会社においては，出資額のうち少なくとも半額を資本金に計上しなければならない（資本金組入規制。会社法445条 1 項・ 2 項）。これに対して，合同会社には，このような規制はなく，出資額の範囲内で任意の金額を資本金とすることができる。

　この点は，特に資本として多くの金額を出資することが想定されている場合に重要となる。すなわち，資本金の額は登記事項であるところ（会社法911条 3 項 5 号，914条 5 号），この登記手続にかかる登録免許税は，設立時資本金額の0.7％（ただし，株式会社について最低15万円，合同会社について最低 6 万円となる。）である（登録免許税法 9 条，別表第一第24号⑴イ・ハ）。

　例えば，会社設立時に10億円の出資を行う場合，株式会社では最低350万円（＝10億円÷ 2 ×0.7％）の登録免許税がかかるのに対して，合同会社では資本金に計上する額を約850万円（≒ 6 万円÷0.7％）までに抑えることで，登録免許税を 6 万円に抑えることができる（後記 3 参照。なお，設立後の出資の場合には変更登記も回避できる。）。さらに登録免許税に加えて，許認可の取得要件，外形

11　本柳祐介『ファンド契約の実務Q&A［第 3 版］』148頁（商事法務，2021年）

標準課税や下請法の適用基準，中小企業者の定義等，資本金を基準にしている制度の適用関係においても影響が生じることになる。

　株式会社の場合にはこれらの適用関係も踏まえつつ，資本金が大きすぎる場合には，いったん資本金の額に計上しつつ，後からこれを減少（減資）させる（会社法447条各項）こととなるが，合同会社であれば，適宜の金額を資本金へ計上すれば足りる。ただし，合同会社の場合，損失のてん補のため及び出資の払戻し又は持分の払戻しのためにしか減資をすることができない，すなわち一度増加した資本金を簡単には減少させられない点には，特に注意が必要である（会社法620条1項，626条1項）。詳細については，第6章で検討する。

⑶　出資行為の取消し・無効

　株式会社においては，株式の引受けにあたって心裡留保，通謀虚偽表示の規定は適用されず，また錯誤，詐欺及び強迫に関する主張も，株式会社の設立後にはできないものとされている（会社法51条，102条5項・6項）。

　これに対して，合同会社の場合，このような規定がないため，もし合同会社に対する出資行為（意思表示）に何らかの瑕疵があったときは，合同会社の設立無効事由になるとされている（会社法832条1号）。

3　登記及び設立後の手続

　合同会社は設立の登記によって成立する（会社法579条）。設立登記に際して必要となる登録免許税は，株式会社の場合は資本金の額の0.7％又は15万円の大きいほう，合同会社の場合には資本金の額の0.7％又は6万円の大きいほうである（登録免許税法9条，別表第一第24号⑴イ・ハ）。上記のとおり，合同会社においては出資額の資本金組入れに関する規制はないため，出資額にかかわらず最低額に抑えることも可能である。

　合同会社の設立に伴う税務上の手続については，通常の株式会社と同様であり，法人設立届出書その他の届出を行うことになる。また，業務執行社員や従業員について社会保険の対象となる場合には，管轄の年金事務所等へ手続が必

要となる。税や社会保険の関係で株式会社と合同会社とで大きく異なる点はない（ただし役員報酬に関しては扱いにやや注意が必要となる。この点は第5章Ⅰ8を参照。）。

4　設立の無効及び取消し

(1)　合同会社の設立無効

　会社法828条1項1号は会社の設立の無効を規定している。「会社」には株式会社のほか合同会社も含まれることから，合同会社の設立についても株式会社と同様に，設立無効の訴えが認められている。

　合同会社における設立無効事由としては，客観的事由として①定款の絶対的記載事項の記載が欠けていること，②出資の履行がないことのほか，③主観的事由もまた無効事由になるとされている（ただし錯誤は2020年の債権法改正により，心裡留保や虚偽表示と同様取消事由となった（民法95条1項）。また，意思無能力者による行為は無効であることが明確化された（民法3条の2）。）。ただし，単に取消事由があるにすぎない場合，下記(2)の設立取消しの訴えによることとなる[12]。なお，無効の原因が一部の社員のみにあるときは，他の社員全員の同意により合同会社を継続でき，無効原因があった社員は退社したものとみなされる（会社法845条）。

　合同会社の設立無効の訴えについては，社員又は清算人が，合同会社を被告として提起できる（会社法828条2項1号，834条1号）。設立無効の訴えが認容されたときは，その確定判決は第三者に対してもその効力が生じ（会社法838条），合同会社の設立は（設立時に遡及することはなく）将来に向かってのみ効力を失い，清算事由となる（会社法839条，644条2号）。

(2)　合同会社の設立取消し

　株式会社と異なり，合同会社その他の持分会社においては，設立取消しの訴

12　相澤・論点解説563-564頁

えが認められている。これは，合同会社（持分会社）においては社員の個性が重視されていることから，取消事由がある社員のみを離脱させるのではなく，会社全体の成立が否定されると考えられたためとされている[13]。ただし，設立無効と同様に，他の社員全員の同意があれば，合同会社の継続が認められる（会社法845条）。

　取消事由の一つは，社員が民法その他の法律の規定により，設立に係る意思表示を取り消すことができるときである。具体的には，制限行為能力者による意思表示（民法9条，13条4項，17条4項），錯誤（民法95条1項），詐欺及び強迫（民法96条1項）等である。この取消事由があるときには，設立の日から2年以内に，意思表示をした社員が合同会社を被告として設立取消しの訴えを提起できる（会社法832条柱書・1号，834条18号）。

　もう一つの取消事由は，社員が債権者を害することを知って合同会社を設立したときである。これは民法424条に基づく詐害行為取消しによる会社設立の取消しを明文化したものである[14]。この場合，設立の日から2年以内に，当該債権者が合同会社と当該社員を被告として設立取消しの訴えを提起できる（会社法832条柱書・2号，834条19号）。なお，設立取消しの訴えにおいては，合同会社の設立によって利益を受けた者の善意は抗弁とならないとされている[15]。

　合同会社の設立取消しの訴えについては，設立無効の訴えと同様，その確定判決の効力は第三者に及び，合同会社の設立は将来に向かってのみ効力を失う（会社法838条，839条）。

13　会社法コンメ⑲317頁［松元暢子］
14　会社法コンメ⑲323頁［松元暢子］。なお，民法424条により出資行為の詐害行為取消権を行使することもできると考えられている（同・325頁［松元暢子］）。
15　会社法コンメ⑲323頁［松元暢子］

コラム③　合同会社の設立

　合同会社は，上記の登録免許税の観点のほか，その設立の容易さに着目されることも多い。特にほとんど事業遂行が想定されていないような特別目的会社（いわゆるSPC）や資産管理会社として利用する場合には，定型的な定款を用いることで済ませる事例が多いため，合同会社が選択されやすい傾向がある（ただしSPC等として利用する場合の留意点については第9章Ⅱを参照されたい）。

　特に昨今では株式会社も含め，会社の設立はますます容易となっている。法務局では金銭出資の一人会社（株主又は社員が1名である会社）については，完全オンライン申請を可能としていることに加え[※1]，実際にかかる時間も，平成30年（2018年）から始まった会社設立登記のファストトラック化により，原則として登記申請から3営業日以内の完了を目指すこととされている[※2]。実際，法務局の繁忙状況によるものの，おおむね申請から登記完了まで1週間程度見ておけば足りるようになりつつある。

　このように，会社の設立（とりわけ定款認証が不要な合同会社の設立）は，従来の株式会社の設立と比較して圧倒的に負担が軽減され，登記完了までのスピードも相当速くなったといえる。とはいえ，米国法人の大多数が設立準拠法としている米国デラウェア州法に基づく会社設立の容易さやスピード感（特に会社設立に際して必要となる書類作成や準備の手間）と比べると，合同会社であってもまだまだ手間や時間がかかる印象は否めないところである。

（※1）　詳細は法務省HP「一人会社の設立登記申請は完全オンライン申請がおすすめです！」（https://www.moj.go.jp/MINJI/minji06_00117.html）を参照
（※2）　詳細は法務省HP「平成30年3月12日から，会社の設立登記のファストトラック化を開始します。」（https://www.moj.go.jp/MINJI/minji06_00110.html）

第 **3** 章

社員・持分

　株式会社においては，株式会社の構成員を株主と，構成員たる地位のことを株式と呼ぶ[1]。これに対し，合同会社においては，合同会社の構成員を社員と，社員としての地位を持分と呼ぶ[2]。

　本章では，この社員及び持分について検討していく。

I　社員になることができる者

1　「社員」とは

　一般社会において「社員」という語が使われる場合，ある会社に勤めている従業員，すなわち「会社員」を指すことがほとんどである。

　これに対して，法律上「社員」と呼ぶときは，一般に，ある団体の構成員を指す。例えば，一般社団法人を構成するのは「社員」であるし，株式会社を構成する株主もまた「社員」の一種である[3]。

　少なくとも株式会社について見れば，実務において，株主こそが法律上の「社員」であって，株式会社の従業員は「社員」ではない，ということを意識するのは法律家くらいであるし，実際上，あえてこれを意識する必要も特にない。株式会社においては「社員」ではなく「株主」と呼ばれるため，両者を混同するようなことは基本的に起こらないからである。

　しかしながら，合同会社を含む持分会社となると話は異なる（以下便宜上，合同会社に限って記載する。）。合同会社においては，株主のように，合同会社に対して出資を行い，合同会社の構成員となった者を「社員」と呼ぶ[4]。そのため，合同会社に関する文脈において従業員を「社員」と呼んでしまうと，持分を有する法律上の「社員」と混同が生じてしまい，議論が混乱することになるので

1　田中・会社法61頁
2　田中・会社法763頁，768頁
3　法令用語研究会編『有斐閣法律用語辞典［第5版］』535頁（有斐閣，2020年）
4　田中・会社法25頁

注意が必要である。

　なお，株式会社の場合，株主は出資により「株式」を取得するが，合同会社の場合，社員は出資により「持分」を取得する。この「持分」という呼称は，例えば組合においても利用されている（例えば民法676条）。

2　「社員」となる資格

　会社法は，株式会社であると合同会社であるとを問わず，株主又は社員となる資格について，何らの規定を置いていない。したがって，自然人であると法人であるとを問わず，当然に合同会社の社員となることができる（なお，法人が業務執行社員となる場合には職務執行者（個人）を選任する必要がある（会社法598条1項）。また，前章でも触れたとおり，外国法人であっても社員となることができる[5]。）。

　他方で，合同会社は定款において社員の資格を制限することもできる。例えば，証券化・流動化ヴィークルにおいて，社員の資格として法的倒産手続を申し立てない旨の誓約書を提出することを定めることが比較的多いとされ，また職務執行者についてもこのような規定を置くこともあるとされている[6]。また，資産管理会社として利用する場合には，一族外に持分が分散してしまうことを防ぐため，例えば特定の人物の直系血族であることを資格として定めることも考えられる。

　このように，定款上で制限を設けない限り，誰でも合同会社の社員になることができるのが原則であるが，民法上の組合（NK）や有限責任事業組合（LLP）といった，独立した法人格を有しない団体等は，その名義において合同会社の社員にはなることができない。したがって，組合そのものを社員として登記することができず，各組合員や組合の業務執行者等の名義で登記することとなる点に留意が必要である[7]。例えば，投資事業有限責任組合（LPS）が合同会社の

5　相澤・立案担当156-157頁

6　仲谷栄一郎・田中良「合同会社の定款−実例の検討−」資料版商事法務350号21頁（2013年）

7　相澤・論点解説561頁

持分を100％取得することとなる場合，投資事業有限責任組合を（業務執行）社員として登記するのではなく，無限責任組合員（GP）の名義で登記することになる。

Ⅱ 社員の責任

1 社員の有限責任性

　第1章でも触れたとおり，合同会社の社員はすべて有限責任社員であり（会社法576条4項），持分会社の有限責任社員は，持分会社の債務について，その出資の価額を限度としてのみ責任を負うものとされている（会社法580条2項）。

　ここで，有限責任社員が責任を負う範囲である「出資の価額」については，「既に持分会社に対し履行した出資の価額」（同項括弧書）が除かれており，合同会社の場合には出資を履行してはじめて社員となるため（会社法578条，604条3項），通常，合同会社の社員が会社の債務について（会社の債権者に対して）直接の責任を負うことはない[8]。この点は，株式会社や有限責任事業組合の組合員，投資事業有限責任組合の有限責任組合員（LP）と同様である[9]。

2 現物出資における評価額と時価との相違

　会社に対して現物出資をした場合で，その評価額と実際の価値との間に差異があるときに，出資者は①会社及び②会社債権者に対して，どのような責任を負うかが問題となる。例えば，現物出資した自動車について200万円の価値があると評価していたが，実はこの車には欠陥があり，実際には20万円の価値しかなかった，というような場合である。

8　相澤・論点解説568頁
9　有限責任事業組合の有限責任性については森本滋「平成29年改正法のもとにおける民法上の組合と有限責任事業組合－組合と法人格・有限責任－」金融法務事情2113号26頁（2019年）

⑴　株式会社の場合

　株式会社の場合，まず①会社に対する責任として，現物出資した財産が実際の価額よりも低い場合には，出資者がその差額（上記の事例でいえば180万円）をてん補しなければならない（会社法52条1項，212条1項2号）。

　次に，②株主の責任は，その株式の引受価額が限度とされているため，仮に出資者が上記のてん補責任を負うような場合であっても，株式会社の債権者に対する責任を負うことはない（会社法104条）。

⑵　合同会社の場合

　上記⑴に対して合同会社の場合，立案担当者は，現物出資された財産が定款記載の価額に満たないときであっても，現物出資をした社員は，会社に対しても，会社債権者に対しても，何ら責任を負わないと考えているようである[10]。

　すなわち，立案担当者は，「持分を対価として財産を取得すれば会社財産は純増するため，その意味において，その評価がどのようなものであっても会社債権者が特に不利益を受けることがな」く，社員「間の価値移転の問題については，総社員の一致により出資の目的および価額を決定することとされている持分会社においては，考慮する必要はないといえる。」としている[11, 12]。

　しかしながら，仮に会社法上このように整理できるとしても，税務上のリスクは依然として残ると考えられる。例えば，上記事例において，自動車を出資した社員のほかに，現金で200万円を出資した社員が2人いたとする。この場合，定款上の出資価額は3人の社員いずれも200万円である。しかしながら，

10　相澤・論点解説565頁参照
11　相澤・立案担当155-156頁
12　なお，合資会社の文脈においては，現物出資された財産の価額が定款記載の価額に満たない場合，その差額について，他の社員との関係においては，持分比率を調整するか，追加出資を求め，合資会社の債権者に対しては，その差額の分だけ責任を負うとしている（会社法コンメ⒁83-84頁［今泉邦子］）。しかし，合資会社の場合には有限責任社員の出資の価額及び履行済みの出資の価額が登記事項となっており（会社法913条7号），その意味で会社債権者としては登記に記載された出資額を信頼して取引に入る可能性もある。これに対して，合同会社においては各社員の出資額等は登記事項とはなっていないことから（会社法914条），こうした議論は合同会社には当てはまらないものとも考えられる。

自動車の時価を前提とすれば，本来は1：10：10の持分比率となるはずである。言い換えれば，現物出資を行った社員は，20万円の出資により，140万円（＝(20＋200＋200)÷3）の持分を取得している，ともいえる。反対に，現金を出資した社員から見れば，それぞれ60万円（＝200－140）が当該現物出資を行った社員に移転していることになる。そのため，少なくともこれが意図的になされたものである場合には，社員間での利益移転があったとして課税されてしまう可能性が生じることとなろう。

　なお，社員が債権を現物出資した場合で，その債権の債務者が弁済期に弁済を行わなかったときには，債権を出資した社員はその損害を賠償しなければならない（会社法582条2項）。また，定款上の価額はその債権の額面となっているが，現物出資の時点で債務者の弁済能力に問題があり，時価が額面に満たない場合等には，上記の，定款上の価額と現物出資財産の時価とが一致しない場合の論点が生じることとなる。

　実務上，合同会社社員の有限責任性については基本的に上記立案担当者の考え方によっているように思われるが，将来の紛争を避ける観点からも，現物出資を受ける場合における時価算定は慎重に行うに越したことはないであろう。

コラム④　合同会社に対する現物出資

　本書においても度々述べているところではあるが，株式会社におけるような現物出資規制（特に検査役に関する規制）が合同会社には存在していないため，合同会社に対して現物出資を行う事例は比較的多い。

　しかしながら，現物出資においては，常にその評価の適切性という論点がつきまとうこととなる（だからこそ，多数の株主が関与することが想定される株式会社においては，一定の場合を除いて検査役の関与を求めているともいえよう[※1]。）。

　そのため，現物出資にあたっては，法務上の論点だけでなく，税務上の論点についても特に注意が必要となる。もちろんこの点は，金銭的評価の難しい財産（典型的には市場価値のない絵画等の芸術作品であろう。）を売買する場合と同じであるし，株式会社であっても株主間の利益移転の論点は存在しているものである。しかしながら，上記のとおり，複数の社員が存在する場合には，利益移転が複数の社員間で生じることとなるから，より問題が複雑となるし，株式会社では上述の検査役選任が免除されるのは出資される資産が500万円以下の場合であるから（会社法207条9項2号），時価が大きな財産の現物出資に伴う利益移転というのは考えにくい。これに対して，合同会社では金額の多寡にかかわらず現物出資は可能であるから，税務リスクの額が大きくなりうるのである。

　株主間（社員間）の利益の移転については，必ずしも拠出財産の評価プロセスについて十分に関与していなかった社員についてまで利益移転に基づく課税が生じる可能性があることから，より注意が必要となるのである[※2]。

（※1）　ただし，検査役調査の趣旨については，立案担当者（株主間の平等の確保・維持や不当な株式の希釈化阻止）と学説（資本金額はそれに相当する財産をもって拠出され充足されなければならないとする資本充実の原則によるもの）との間で考え方が分かれている。

（※2）　ただし，こうした現物出資に関与の薄い法人社員について，法人税法22条2項における「取引」を観念しうるのか，個人社員について一時所得やみなし贈与と認識できるのか，といった論点もあるが，本書では，紙幅の関係もあり，こうした論点については立ち入らない。

Ⅲ　持分の権利内容

1　株主の権利との対比

　会社法において認められる株主の権利として主なものは，剰余金の配当を受ける権利，残余財産の分配を受ける権利，及び株主総会における議決権である（会社法105条1項各号）。

　また，講学上，株主の権利は自益権と共益権とに分類されて説明されている。自益権とは，すべての株主が独自に行使できる単独株主権であり，株主が会社から直接に経済的利益を受ける権利とされ，例えば，剰余金の配当請求権（会社法453条）等がこれに当たるとされる。これに対して，共益権とは，株主が会社経営に参与し，あるいは取締役等の行為を監督是正する権利とされ，株主総会の議決権や株主提案権等がこれに当たる[13]。

　さらに株式会社の場合，各株主の権利は原則としてその数に応じて平等に取り扱わなければならず，その例外として，種類株式と非公開会社に関する属人的株式が挙げられる（会社法109条1項・2項，108条）。

　合同会社の場合も，株式会社における自益権と類似の権利が社員に対して認められている（会社法621条）。他方で，合同会社の場合には社員が業務執行を担うことが原則であるため，合同会社の業務等に関する権利として社員に認められるものは，株式会社における共益権とは異なっている。さらに，各社員をその出資割合等に応じて平等に扱わなければならないとの要請も特段存在しておらず，その権利内容は定款において自由に定めることができる。したがって，株式会社と異なり，会社法において種類株式に関する規定や属人的株式に関する規定は置かれていない（各社員の権利内容は社員に応じて異なりうることが想定されることから，すべての持分が属人的株式である，とも形容しうる。）。

---

[13]　江頭・株式会社法130頁

　合同会社の業務執行に関する権利内容については第5章で触れることとし，以下ではそれ以外の権利内容について見ていくこととする。

2　「議決権」

　株式会社の文脈で「議決権」というときは，たいてい，株主総会における議決権を意味している。株式会社の場合，一株一議決権の原則が定められている（その例外として，後述の種類株式や属人的株式がある。）（会社法308条1項）。また，議決権が存在しない株式として，自己株式（会社法308条2項），相互保有株式（会社法308条1項本文括弧書）等がある。

　これに対して，合同会社においてはそもそも株主総会のような機関は存在していない（第5章II参照）。そのため，合同会社の文脈で「議決権」といっても，具体的に何を指すかは不明確である。合同会社の場合には，個別の事項ごとに「社員の全員の同意」が求められており，原則として，合同会社にあっては社員の全員一致（業務執行に関する事項にあっては業務執行社員の全員一致）が求められているといってよい。ただし，繰り返しとなるが，合同会社には株式会社のような機関は存在しないから，株式会社のように，法令上株主総会決議を経なければならない事項は基本的に存在しない。これらの点については，業務執行に関わることから，第5章において詳述する。

　法令上，議決権を基準に判断を行う事項は多い。例えば親会社や子会社，関連会社の定義においては議決権が基準に考えられているし（財務諸表等規則8条3項〜6項），同族会社の判定方法の一つにおいても議決権が用いられている（法人税法施行令4条5項）。こうした規定の適用に際して，合同会社をどのように扱えばよいかは明確ではない。特に，例えば定款上において社員の同意を要する事項について，法令上許される限りすべてを総社員の過半数の同意と定めている場合や，特定の社員について同意権のすべてが排除されている場合における取扱いは不明確である。実務上は，関連する法令の趣旨等に照らして個別に判断するほかはないが，保守的に，社員の頭数と出資額割合とのいずれをも用いて基準を満たしているかいないかを判断すること等も考えられる。

　会社法が社員の同意を求めている事項は，**図表３－１**のとおりである。

【図表３－１】　社員の同意を要する事項

（☆が付いているものは定款により別段の定めが可能）
① 　**社員全員の同意**
　・設立時定款の作成（575条１項）
　・合同会社設立後における設立時出資履行の対抗要件具備（578条）
　・持分の譲渡（585条１項）☆
　　※ただし，業務執行社員でない社員は，業務執行社員全員の承諾（同条２項）
　・退社（607条１項２号）
　・違法な利益の配当及び利益の配当を行った期に欠損額が生じた場合における責任の免除（629条２項，631条２項）
　・違法な出資の払戻しにおける責任の免除（633条２項）
　・違法な持分の払戻しにおける責任の免除（636条２項）
　・定款の変更（637条）☆
　・解散（641条３号）
　・合同会社の継続（解散した後，清算結了までの間に，合同会社を継続すること）（642条１項）
　　※ただし，一部の社員の同意でも足りる。この場合，同意しなかった社員は退社となる（同条２項）
　・清算事務の終了（667条１項）
　　※１か月以内に異議を述べなかったときは原則として承認したものとみなされる（同条２項）
　・組織変更（781条１項）☆
　・合併のうち以下のもの
　　➢ 吸収合併消滅会社となる場合（793条１項１号）☆
　　➢ 吸収合併存続会社となる場合で，消滅会社の株主・社員が，存続会社の社員となるとき（802条１項１号）☆
　　➢ 新設合併（813条１項１号）☆
　・会社分割のうち以下のもの
　　➢ 吸収分割により事業に関して有する権利義務の全部を他の会社に承継させる場合（793条１項２号）☆
　　➢ 吸収分割により他の会社の事業に関して有する権利義務の全部又は一部を承継する場合で，吸収分割会社の株主・社員が，吸収分割承継合同会社の

   社員となるとき（802条1項2号）☆
   ➢ 新設分割により事業に関して有する権利義務の全部を他の会社に承継させ
     る場合（813条1項2号）☆
 ・株式交換（株式交換完全子会社の株主が株式交換完全親合同会社の社員とな
   る場合）（802条1項3号）☆
 ・一部の社員のみに無効又は取消事由がある場合において，合同会社設立無効
   又は取消しの訴えが認容されたときにおける合同会社の存続（845条1項）
② **業務執行社員全員の同意**
 ・業務執行社員ではない社員による持分の譲渡とそれに伴う定款変更（585条
   2項・3項）☆
 ・業務執行社員を定款で定めた場合における清算人の選任（647条1項3号）
③ **社員（業務執行社員）の過半数の同意**
 ・業務の執行（590条2項）☆
  ※業務執行社員が存在する場合は業務執行社員の過半数（591条1項）☆
  ※その場合でも支配人の選解任は社員の過半数（591条2項）☆
 ・競業行為の承認（594条1項）☆
 ・利益相反取引の承認（595条1項）☆
 ・代表社員の選定（定款の定めに基づく社員の互選）（599条3項）
 ・合同会社と社員との間の訴訟において合同会社を代表する者が存在しないと
   きにおける，合同会社の代表者の選定（601条）
 ・清算人の選任（647条1項3号）
 ・清算人の解任（648条2項）☆
 ・清算合同会社の事業の全部又は一部の譲渡（650条2項）
 ・清算に係る帳簿資料の保存者の選定（672条2項）
 ・社員の除名の訴え（859条）
 ・業務執行権又は代表権消滅の訴え（860条）

　なお，第5章Ⅱのとおり，社員総会のような株主総会に類似した機関を設置
することも可能であり，そうした場合には，社員総会に関する規定の中で上記
各事項を修正する定款の定めを置くこととなろう（社員総会を設置したのに，全
社員の同意が必要となる事項を修正する定款の規定を置かなかった結果，結局全社
員の同意を得なければならなくなる事態も十分に考えられる。）。

3 損益の分配と利益の配当

⑴ 損益の分配と利益の配当の基本ルール

　配当を受ける権利は，株式であれ持分であれ，最も重要な経済的権利の一つであるといってよく，株式の場合であれば中心的な自益権の一つであろう。しかしながら，第1章Ⅱ2⑵イにおいて簡単に触れたとおり，合同会社における利益の配当に関する考え方は株式会社とは全く異なっている。

　株式会社の場合，分配可能額（その他資本剰余金とその他利益剰余金を基準に計算される金額）の範囲内で，基準日における株主に対して剰余金の配当を行うことができる（会社法453条，461条）。

　一方，合同会社の場合，各期において発生した損益は，各社員の出資価額又は定款の規定に基づいて各社員に分配され，各社員は，この金額を前提に，合同会社に対して利益の配当を請求することができる（会社法621条，622条1項）。そして，利益の配当によって払い戻すことができるのは利益剰余金のみであって，資本剰余金から払い戻すことはできない（会社計算規則31条2項但書）。

⑵ 具体例に基づく検討

　例えば，出資額が100の社員Aと出資額が50の社員Bがいる合同会社Xを考える（**図表3-2**参照）。

　このX社は損益分配の割合に関する規定を定款で置いていないため，X社の損益は，社員Aと社員Bとの出資割合に基づいて分配される（会社法622条1項）。したがって，X社が第1期において30の利益を得た場合，その利益が社員Aに20，社員Bに10分配される。同様に，第2期において90の利益を得れば，社員Aに60，社員Bに30，第3期に30の損失（-30の利益）が発生すれば，社員Aに20（-20），社員Bに10（-10）分配される。

　なお，こうした損益分配の仕組みは，組合と類似している（民法674条1項。ただし，組合における「利益の分配」は，原則として各組合員に現実に金銭を分配することをいう[14]。）。しかし，注意が必要なのは，組合はパススルーであるが

ゆえに，組合に損益が生じたときは，原則として損益分配の割合に応じて各組合員に帰属した金額が課税所得とされるが（所得税基本通達36・37共－19，法人税基本通達14－1－1），合同会社はあくまで法人課税を受けるため，合同会社における損益分配はあくまで計算上のものにすぎず，税務上，各社員の所得となるものではない点である。したがって，将来配当を受けることができる金額が増減するという意味で，単に各社員の有する持分の価値を増減させるにすぎない。

　そして，第3期が終了した時点において，社員Aには60（＝20＋60－20），社員Bには30（＝10＋30－10）の損益がそれぞれ帰属していることから，社員A及び社員Bは，その金額を限度として利益の配当を請求することができる。

　なお，合同会社における配当は，特定の社員に対してのみ行うこともできるため，社員Aにのみ20の利益配当をすることもできる。このような場合，利益

【図表3－2】　損益分配と利益配当の具体例

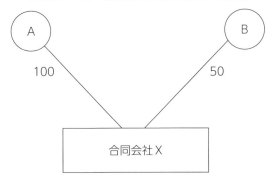

	合　計	社員A	社員B
第1期損益	30	20	10
第2期損益	90	60	30
第3期損益	▲30	▲20	▲10
損益合計	90	60	30

14　我妻榮『債権各論中巻二』821頁（岩波書店，1962年）

配当後の社員Ａに帰属する損益は40（＝60－20）となる[15]。

⑶　利益の配当を行う時期

　株式会社においては，原則として，株主総会の決議に基づいて剰余金の配当を行う（会社法454条１項）。これに対して，合同会社においては，各社員はいつでも利益の配当を請求することができ（会社法621条１項），社員が合同会社に対して利益配当の請求をすれば，その意思表示が会社に到達した時に具体的配当受領権が発生し，その時点から遅延利息が生じるとされている[16]。すなわち，会社法のデフォルトルールのままであれば，社員から利益配当の請求を受けたときは直ちに，（配当が可能な利益額の範囲内で）その請求に基づく利益を当該社員に配当しなければならない，ということになる。

　こうした利益配当の請求を受けた際に，それを支払えるだけの現預金等の流動資産があればよいが，そうした資産がない場合には，最悪の場合，事業用資産の一部売却を迫られるリスクもある。定款で適切な定めをしていないと，社員間で利害対立が生じた際に，こうした社員の権利を利用されてしまうことにもなりかねない。したがって，とりわけ複数の社員が存在することが想定される合同会社においては，突然に配当請求権が行使され混乱することのないよう，定款において配当請求に関する規定を設けておくことが好ましい（会社法621条２項）[17]。

　この定款上の規定（「利益の配当を請求する方法その他の利益の配当に関する事項」）は，主に利益の配当を請求できる時期や回数，当期に配当する利益金額の決定方法であり，その内容には特に制約はないとされる[18]。したがって，例えば，合同会社が利益の配当をしようとするときには，①配当財産の種類及び

15　相澤・立案担当省令165頁

16　会社法コンメ⒂58頁［伊藤靖史］

17　例えば，江頭憲治郎編著『合同会社のモデル定款－利用目的別８類型－』66頁（商事法務，2016年）では，社員の過半数による承認があったときに限り配当ができるとする定款例が紹介されている。

18　相澤・論点解説594頁

帳簿価額の総額，②社員に対する配当の割当てに関する事項，及び③当該利益配当の効力発生日をそれぞれ定めなければならない旨を定めることで，株式会社型の利益配当ができる[19]。

　以上が，合同会社における損益分配と利益配当の基本的な仕組みである。

4　その他の共益的権利

　株式会社における典型的な共益権としては，議決権がある（上記2参照）が，それ以外にも，株主総会の議案提案権，会計帳簿閲覧請求権，株主代表訴訟等がある。

　合同会社の場合には，株主との立場の違いから，認められている権利や要件も自ずと異なっている。こうした権利については，例えば**図表3－3**のようなものがある。

【図表3－3】　合同会社の社員が有する共益的権利の例

・業務執行社員の解任権（全社員同意）（591条5項）
・職務執行状況報告請求権（593条3項）
・社員に対する責任追及の訴え提起の請求（602条）[(注)]
・帳簿閲覧請求権（営業時間内はいつでも請求可能）（618条1項）
　※定款で別段の定めをすることができるが，事業年度終了時における帳簿閲覧
　　請求権を制限することはできない（同条2項）。
・会社の設立，組織変更，合併，分割，株式交換の無効の訴え（828条）
・合同会社解散の訴え（833条2項）
・社員の除名の訴え（社員の過半数の決議による）（859条）
・業務執行権又は代表権消滅の訴え（社員の過半数の決議による）（860条）
(注)　株式会社の場合と比較して，原告が合同会社となること，社員が退社しても訴訟
　　は継続すること等に差異がある。詳細については会社法コンメ(14)184-185頁［尾関幸
　　美］

19　会社法コンメ(15)60頁［伊藤靖史］

5　新株予約権とオプション契約

⑴　新株予約権とは

　新株予約権とは，株式会社に対して行使することにより当該株式会社の株式の交付を受けることができる権利をいう（会社法2条21号）。会社法上定められた権利であり，その内容についても法定されている（会社法236条1項各号）。取締役や従業員に対するインセンティブを目的とするストックオプションとしての付与や，新株予約権付社債（会社法2条22号）としての利用が典型的であろうが，昨今では米国のKISS（Keep It Simple Security）に倣ったJ-KISSとして，資金調達に利用されることもある[20]。

　新株予約権の上記定義からもわかるように，合同会社においては株式を発行しない以上，新株予約権を発行することはできない。そのため，もし合同会社がその持分を将来取得しうる権利を付与するには，新株予約権の内容と類似の内容を定めた契約（以下便宜上「オプション契約」という。）によるほかない。

⑵　オプション契約の留意点

　オプション契約を利用する場合にまず留意すべきは，新たな社員が合同会社に加入するためには原則として全社員の同意が必要となる点である（会社法604条，第4章Ⅰ1参照）。したがって，少なくとも権利者がオプション契約に基づいて合同会社に加入するまでに，既存社員全員の同意を得ておく必要がある。

　ここで，オプション契約締結時点において既存社員全員の承諾を得ておくことは可能であるかが問題となりうる。結論としては，①既存社員が，権利者の権利行使を停止条件として社員加入（定款変更）を承認する旨の意思表示をするか，②定款変更を先行して行いつつ出資を行っていない取扱いとすることにより可能となると考えられる（②については会社法604条3項参照）。

20　J-KISSに関しては，Coral CapitalがそのHP（https://coralcap.co/2016/04/j-kiss/）において投資契約書を公開している。

　また，オプション契約締結時点において社員の承諾を得る場合には，オプション契約締結後にさらに別の社員が加わった場合の取扱いが問題となる。まず上記①の方法を採る場合，オプション契約締結時点において既存社員のすべてが停止条件付きの意思表示を行っていたとしても，権利者が権利行使した時点において新たな社員が存在していることから，当該新たな社員の承諾がないと全社員の承諾があったことにならないのではないか，という問題が残ってしまう。これに対して，上記②の方法であれば，すでに社員加入に必要な定款変更は済んでいることからこのような問題は生じないこととなろう。ただし，もし権利行使者が権利行使をしないことを選択した場合に，改めて定款変更が必要となってしまうデメリットがある。また，定款変更から出資の履行まで時間が空く場合に，そのような定款変更が有効かどうかについて，疑義が残る。

　実務上は，定款においてオプション契約に関する特別な定めを設けておく（オプション契約締結時点において総社員の承諾があればオプション行使時の承諾は不要とする等）か，上記①の方法に拠りつつ新たな社員が加入する際に，あわせてオプション契約に関する承諾も得ておくことにより対応することとなると思われる（ただし，上記②の方法が，必ずしも実務上否定されるものではないと考えられる。）。

⑶　オプション契約における発行価額と行使価額

　なお，新株予約権と同様，オプション契約においても新株予約権における発行価額と行使価額とを定めることとなろうが（もちろん，発行価額を0とすることも可能であろう。），発行価額と行使価額の合計は基本的に権利行使時点における対象株式の価額よりも低額となる。

　これを合同会社で実現する場合，合同会社の定款上に記載する出資の価額は実際に合同会社に対して支払われた発行価額と行使価額の合計となるため，そのまま損益が帰属してしまうと，権利行使者がオプション契約から本来想定していた利益を受けることはできなくなってしまう。権利行使者としては，自己が支払った発行価額と行使価額との合計よりも大きい価値のある持分を取得で

きなければオプションの意味がないため，発行価額と行使価額の合計額よりも大きい額を出資の価額とみなして損益の分配を行う旨の定款の規定を置くことにならざるを得ないと思われる[21, 22]。

6　種類株式の発行（内容の異なる持分に関する規定）

(1)　株式会社における種類株式の活用

　株式会社において種類株式は広く利用されている。例えば，スタートアップ企業においては，投資家向けにいわゆる優先株式を発行しており，その内容は，配当及び残余財産分配の優先権が含まれることが多いが，特定の種類の株主に対して取締役選任権を付与したり，外国法による規制の観点から無議決権としたりする等，その内容も，企業の発展度合いや投資家のニーズに応じて異なったものとなっている[23]。こうした種類株式の内容は，会社法において具体的に定められている（会社法108条1項各号）。具体的な事項は以下のとおりである。

① 剰余金の配当

② 残余財産の分配

③ 株主総会における議決権行使ができる事項

④ 譲渡制限

⑤ 取得請求権（株主が会社に対して取得を請求できる）

⑥ 取得条項（会社が一定の事由が生じたことを条件として株式を取得できる）

⑦ 全部取得条項（株主総会の決議によりその種類の株式のすべてを会社が取得できる）

21　例えば，オプション付与時に100円，権利行使時に400円を支払う内容とした場合には，定款上の出資の価額は500円となるが，損益分配に際しては出資の価額を800円とみなす等の対応となろう。

22　なお，ここでは新株予約権に倣って，権利行使時においてオプションの発行価額も出資の価額として扱う（資本金又は資本剰余金を増加させる）ことを前提としているが，実際，このように取り扱うのが合理的でないかと思われる。他方，権利行使前における発行価額の会計上の取扱いについては議論の余地があろう。例えば，合同会社がストックオプションを「発行」する場合に，株式会社に倣って役務提供の対価を費用計上し，対応する金額を純資産の部に計上することも考えられよう（企業会計基準第8号「ストック・オプション等に関する会計基準」4項）。

23　田中亘ほか編『会社・株主間契約の理論と実務－合弁事業・資本提携・スタートアップ投資』150頁（有斐閣，2021年）

⑧　拒否権（一定の事項については，株主総会や取締役会の決議に加えて種類株主総会を経なければならない）

⑨　取締役又は監査役の選任権

　また，非公開会社である株式会社は，定款で定めることで，上記事項のうち①ないし③について，個別の株主ごとに異なる取扱いをすることができる（いわゆる属人的株式）（会社法109条2項，105条1項各号）。

　したがって，株式会社の場合には，これらの事項を適宜組み合わせて，種類株式の内容を決定していくこととなる。言い換えれば，上記で掲げる事項以外の事項を定款で定めたとしても，その効力は認められないこととなる（例えば，株主総会において，ある事項について議決権を有しない定めを置くことはできても，特定の事項について複数の議決権を付与することはできない。）[24, 25]。

⑵　合同会社における「種類株式」の活用

ア　合同会社と「種類株式」

　合同会社においても，定款を適切に定めることにより，こうした株式会社における「種類株式」と同じ仕組みを設けることができる。

　例えば，配当優先株式と同じ仕組みを設ける場合であれば，ある社員に対する利益の分配割合を，出資割合より大きくすることで，当該社員は他の社員の出資割合と比べて多くの配当を受けることができるようになる。また，合同会社の運営に関する事項の一部について，特定の社員のみの同意で実行できるようにすることもできる。さらに，株式会社の場合と異なり，こうした社員ごとに異なる定めを置くことに対する規制はないため，株式会社のような制約を受けることがない。

　したがって，定款に定めておけば，利益配当の決議を行う際に，ある社員についてのみ「議決権」が2倍となるような仕組みを導入することも当然にできる。

24　スタートアップ企業をはじめ，外部投資家からのエクイティ出資を受ける企業においてはこのようなニーズがあるため，その場合には属人的株式として定款に規定することとなる。

25　江頭・株式会社法140頁

イ　合同会社における留意点

　上記アのとおり，株式会社の配当と合同会社の配当とは前提となる仕組みが大きく異なっていることから，株式会社で一般に利用されているような種類株式と全く同じような仕組みを採用するには，定款上相当の対応が必要となる点には留意が必要である。

　例えば，いわゆる非累積型（ある期に支払われなかった配当は翌期に繰り越さない，とする仕組み）の配当優先株式を考える。この場合，株式会社であれば，定款に「優先株主に対して行う剰余金の配当の額が，優先配当金の額に達しないときは，その不足額は翌事業年度以降に累積しない」と記載すれば足りる[26]。

　これに対して，合同会社の場合，上記のとおり原則として会社において生じた損益は毎期各社員に（計算上）分配され，これが以後も累積することから，特定の社員への損益分配割合を調整したとしても，それだけでは累積型と同じ仕組みとなってしまう。

　すなわち，特定の社員に毎年5,000円の非累積型優先配当をしたい場合，損益計算としてまず5,000円を当該社員に帰属させることになろうが，実際に優先配当をしない年があると，特別の手当がない限り，この5,000円がどんどん蓄積していくこととなるのである[27]。優先的に分配された利益が実際に配当されなかった場合には，その利益は全社員の出資額に基づいて平等に分配されるよう調整するか，優先的に分配することを決定した時点で，計算上，各社員に帰属する利益の額を調整する仕組みが必要となる[28, 29]。

　上記はあくまで一例ではあるが，種類株式を導入する需要がある中で，あえて株式会社ではなく合同会社を選択する場合，目的に沿った内容を合同会社の定款において定めておく必要がある点及びそうした定めを置くことが技術的に可能かどうかという点には，事前の慎重な検討が特に必要となる。

7　既発行持分の内容変更

　株式会社における発行済株式の内容を変更する場合，実務上，株式の内容に必要な定款変更と，全株主の同意により行われる[30]。これに対して，合同会社

の場合，定款変更によって持分の権利内容は修正されるため，社員全員の同意
又は定款上定められた手続によって定款変更が行われ，その結果として，各社
員の持分の内容を変更できることとなる（株式会社においても属人的株式の定め
を置いたり変更したりする場合は同様である。）。

　株式会社において，既存株式の内容を合理的な理由なく，又は正当な対価な
く変更する場合，税務上，それにより株主間で利益移転が認識される可能性が
ある。例えば，普通株式のみを発行している株式会社において，特定の株主の
保有している株式のみを配当優先株式に変更した場合，理論的には，優先配当
を受けられる分だけ株式の価値は増加する。この評価については，実務上困難
が伴いうるが，何ら対価なくこのような変更が行われれば，何らかの価値移転
があったと見られる可能性は否定できない。

　そしてこのことは，合同会社においても同様である。例えば，合同会社の設
立後，ある社員に対してのみ優先的な損益分配及び利益配当を認める定款に変
更する場合，そこに何らの対価もなければ，定款変更の効力発生時において社
員間で利益の移転があったとして，当該社員に課税が生じる可能性がある。

　なお，ここでいう「対価」については，基本的に社員間の利益移転の文脈で
あるから，利益を受ける社員が，利益を移転する社員に対して，移転する利益
相当の財産を交付することになる。しかし，合同会社の場合，あくまで定款に
記載することで，出資の額にかかわらず損益分配割合を変更できる。そのため，
社員間において対価を授受するのではなく，損益分配割合が増加する社員が，
それによって受ける経済的利益相当額を追加で合同会社に出資する方法も考え

26　森・濱田松本法律事務所編『株式・種類株式［第2版］』288頁（中央経済社，2015年）

27　なお，損失の帰属についても5,000円が優先的に帰属してしまわないよう注意が必要である。

28　なお，前者の仕組みは株式会社における非累積型優先株式の場合とは設計が異なることになる。
　　なぜなら，非累積型優先株式は，あくまで既存の利益剰余金からの優先配当であって，ある期に生
　　じた利益からの優先配当というわけではないからである。言い換えれば，このような定めだと，優
　　先配当を行いたい期の直前期に生じた利益の限度でしか優先配当を行えない，ということになる。

29　累積型を想定しているものであると思われるが，森本滋編『合同会社の法と実務』204頁（商事
　　法務，2019年）において紹介されている定款記載例も参考になろう。

30　昭和50年4月30日民四2249号

られる。

Ⅳ　持分の譲渡・承継

1　持分の譲渡の可否

　株式会社において，株式の譲渡は原則として自由であるが（株式譲渡自由の原則）（会社法127条），株式の内容として，その株式を譲渡により取得する際に，発行会社の承認を要する旨の規定を設けることができ（会社法107条１項１号，108条１項４号），これらの株式を「譲渡制限株式」という（会社法２条17号）。

　この場合，譲渡承認機関は，取締役会設置会社においては取締役会，それ以外の場合には株主総会とするのが原則であるが，定款において別段の定めを設けることができる（会社法139条１項）。さらに，定款にその旨を規定することにより，相続その他の一般承継により株式を取得した者に対して，当該株式を会社に売り渡すよう請求することができる（会社法174条以下）。一般の事業会社においては，実務上，上場企業でない限り，譲渡制限に関する規定を置いていることがほとんどであるが，一般承継人に対する売渡請求については，置いていない例も多いように思われる。

　これに対して，合同会社を含む持分会社においては，社員相互の信頼関係が会社存立の基礎となっている。そのため，デフォルトルールとして，合同会社の持分の譲渡にあたっては，業務を執行しない社員にあっては業務を執行する社員全員の，業務を執行する社員にあっては社員全員の承諾が必要であるとされている（会社法585条１項・２項）。ただし，別段の定めを定款に置くことも可能とされているため（同条４項），定款において持分の譲渡を完全に自由とすることもできるし，社員の多数決に係らしめることも可能である[31]。すなわち，合同会社の持分譲渡に関するルールは，株式の譲渡を原則として自由としつつ，例外としてその譲渡を制限できるとする株式会社のルールと，原則と例外が反対となっているのである[32]。

2　持分譲渡の手続と効力発生要件及び対抗要件

⑴　株式の譲渡

　財産の譲渡にあたっては，所有権が譲受人に移転する要件（どうすれば所有権が移転するか）である効力発生要件と，所有権が移転したことを第三者に対して法律上主張するために必要となる要件である対抗要件を理解しておく必要がある。

　例えば効力発生要件を満たしている場合には，実際に所有権が譲受人に移転するが，第三者対抗要件を備えていない場合には，自らが所有権者であることを第三者に主張することができない。そのため，もし，ある財産が別の2人に同時に譲渡され，別の譲受人が対抗要件を備えてしまうと，もう一方の譲受人は，別の譲受人に対して自らが所有権者であることを主張できなくなってしまう（その結果，一方の譲受人は，譲渡人に対して契約上の責任（損害賠償請求等）を追及することとなろう。）。他方，もし効力発生要件を満たしていない場合には，対抗要件以前に，譲受人にはまだ所有権が移転していないことになる。

　株式会社が株券不発行会社の場合には，株式譲渡の効力発生要件は当事者間の意思表示であり，株式譲渡の対抗要件は株式の譲受人の氏名等が株主名簿に記載又は記録されることである。したがって，たとえ当事者間で株式譲渡契約書を締結し，譲受人が株式の所有権を取得する，すなわち新たに株主になったとしても，株主名簿にそのことが記載等されない限り，発行会社を含む第三者

31　なお，持分譲渡にあたっての要件を加重する（例えば業務を執行しない社員についても社員全員の同意とする等）ことができるかどうかについては議論が分かれているようである（会社法コンメ⑭114頁［今泉邦子］）。しかしながら，業務を執行しない社員であっても，業務を執行する社員全員の同意を要するとする会社法のデフォルトルールは，すでに株式会社と比べて厳しいものとなっていることもあってか，実務上，譲渡の要件を加重する方向で検討されることは少ない。

32　株式会社の場合，株式会社の存続中は出資の返還を求めることができず，譲渡によって投下資本を回収することが想定されていること，及び，所有と経営の分離により，各株主にとって，株主の個性は重要ではないことから，株式の譲渡は原則として自由とされている（会社法コンメ⑶302頁［前田雅弘］，田中・会社法98頁等）。これに対して，合同会社をはじめとする持分会社の場合，社員相互の信頼関係が会社存立の基礎となっているため，上記のような規定ぶりになっている（会社法コンメ⑭113-114頁［今泉邦子］）。

に対して，自己が株主であると主張することができない[33]。他方，株券発行会社の場合，株券を交付することが株式譲渡の効力発生要件であると同時に発行会社以外の第三者に対する対抗要件である（会社法128条1項，130条1項）。そして，株主名簿へ記載又は記録することが，発行会社への対抗要件となる（会社法130条2項）[34]。

(2) 持分の譲渡

上記(1)に対して，合同会社の場合，株券や株主名簿と類似する仕組みはないため，株式会社の場合と大きく異なっている。

まず持分譲渡の効力発生のためには，①社員の氏名等の定款上の記載を変更することが必要であると考えられる（会社法604条2項参照）[35]。さらに，②合同会社における持分の譲渡承認は一定の社員の同意等とされているが（詳細は上記1参照），これは対抗要件ではなく，譲渡の効力発生要件であるとされている[36]。したがって，一定の社員の同意等がない譲渡は，会社や第三者に対して対抗することができないのはもちろん，譲渡当事者間においてもそもそも効力を生じない。要するに，持分譲渡の効力発生要件は，①定款変更と②一定の社員の同意等である。

また，持分譲渡の対抗要件については，会社法上，明確な規定は置かれてい

33　そのため，譲渡人が（故意であろうが過失であろうが）株式を複数の譲受人に同時に譲渡してしまった場合，最も早く株主名簿上に記載等された譲受人のみが，会社その他の第三者から株主として扱ってもらえる，ということになる。

34　株券発行会社の場合，実際に株券という物（法律上は無記名証券）があるため，これが現実に移転することではじめて株式譲渡の効力が生じることとされている（これは民法上のデフォルトルールでもある。民法520条の20，520条の13）が，たとえ株券の譲渡を受けたとしても，株主名簿に記載がなければ，会社との関係では株主として扱われないこととなる。

35　会社法604条は「社員の加入」に関する条文である。ここで「社員の加入」の定義に会社設立後に持分を譲り受ける場合を含むかについて争いがあるものの，多数説は「社員の加入」に含まれると解しているようである（会社法コンメ(14)204頁［今泉邦子］）。仮に会社法上の「社員の加入」に当たらないとしても，社員の加入に関連する規定を準用等することも可能であることも踏まえ，本書では持分の取得も「社員の加入」に含まれることを前提にしている。なお，本条は既存社員による追加出資についても規律していると考えられる（同・206頁［今泉邦子］）。

36　会社法コンメ(14)114頁［今泉邦子］

ない。そのため，実務上，より安全な手段として民法上の債権譲渡と同じ方法，すなわち譲渡人による確定日付のある通知を合同会社に行うか，合同会社による確定日付のある承諾書を交付する方法（民法467条2項）によっていることが多い[37]（**図表3－4**参照）。

【図表3－4】　株式の譲渡と持分の譲渡の効力発生要件・対抗要件

	効力発生要件	対抗要件（第三者）	対抗要件（会社）
株券発行会社	株券の交付		株主名簿への記載等
株券不発行会社	意思表示のみ	株主名簿への記載等	
合同会社	定款変更・社員の同意	確定日付ある通知・承諾	通知・承諾

　なお，通常は持分譲渡の要件と定款変更の要件とは原則的に一致するように設計されているため（会社法585条1項，637条，585条2項・3項），持分譲渡の要件を満たせば定款変更の要件を満たす関係にある。

　しかしながら，持分譲渡の要件を定款で変更しながら，定款変更の要件について変更しなかったため，両者に離齬が生じる可能性もある。例えば，社員の性質にかかわらず，持分譲渡については業務を執行する社員の過半数の同意としつつ，定款変更を社員の3分の2の同意とした場合において，持分譲渡については過半数の同意が得られたのに，定款変更するのに足りる3分の2の同意は得られなかった，というような場面である。合理的な意思解釈や会社法の規定（会社法585条3項）を根拠に，持分譲渡の要件を変更した場合には，自動的に持分譲渡に伴う定款変更の要件も変更される，との解釈もありうると考えられるものの，実務上不安定な状態となりかねないため，定款の設計においては持分譲渡の要件とそれに伴う定款変更の要件は一致させることが望ましい[38]。

37　江頭憲治郎ほか「合同会社等の実態と課題〔上〕」旬刊商事法務1944号15頁（2011年）〔新家寛発言〕参照。なお，合同会社の持分譲渡に係る第三者対抗要件については議論が多い。詳細は同文献の14頁を参照されたいが，実務上は，本文に記載のとおり，債権譲渡と同じ方法によれば基本的には問題ないと考えられる。

3 合同会社による自己持分の取得

　株式会社においては，一定の場合においてその発行する株式（「自己株式」（会社法113条4項））を取得することができる。これに対して，合同会社はその持分（以下「自己持分」という。）を取得することはできず，仮に合併等により合同会社が自己持分を取得した場合には，その持分は消滅する（会社法587条）。

　とりわけ株式会社を資産管理会社として利用する場合，相続発生等による資金需要に対応するため，有償による自己株式取得を行う例が見られるが，合同会社を選択した場合には，このような方法を採ることができない。そのため，社員に資金需要が生じた際には，その社員に対して利益の配当，出資の払戻し又は退社に伴う持分の払戻しを行うこととなる（会社法611条1項，624条1項）。なお，出資の払戻しと持分の払戻しについては，第4章II2・IIIにおいて取り扱う。

　なお，いわゆる金庫株特例（相続税を課税された者が，相続税の申告期限から3年間の間に，その有する非上場株式について，当該株式が発行会社に譲渡された場合，みなし配当課税ではなく譲渡所得課税として課税する特例）（租税特別措置法9条の7）については，性質上，当然に株式に限定されているため，合同会社において金庫株特例を利用する余地はない（条文上も「株式会社……の発行した株式をその発行した当該非上場会社に譲渡した場合」とされている（租税特別措置法9条の7第1項）。）。

4 持分の信託譲渡

(1) 合同会社と信託の活用

　昨今，とりわけ事業承継を踏まえた文脈において，信託を活用した資本政策

38　なお，江頭ほか・前掲（注37）15頁［江頭発言］では「もし会社法585条4項に基づいて，定款で，持分譲渡について他の社員の承諾は不要と定めたとすると，譲渡によって，当然に定款変更が行われたという解釈になるのではありませんか」とされている。また，会社法コンメ⒂120頁［宍戸善一］も参照。

が検討され，実行に移される事例も多い。例えば，事業会社である株式会社の株式の多数を保有するオーナーが，株式を信託し，自己が保有する資産を受益権とすることで，議決権を受託者に集約しつつ，株式から生じる収益をオーナーの相続人に平等に承継させる，といったアレンジが可能となる。

　合同会社が事業会社として利用される例は多くないため，合同会社において信託を活用した事例はまだ少ないものと思われる。しかしながら，合同会社の持分は会社法に基づく社員若しくは業務執行社員の承諾，又は定款の規定に基づく承諾等があれば譲渡可能であり（上記1参照），金銭に見積もりうる積極財産であれば信託譲渡が可能とされる「財産」（信託法3条）に該当するとされていることからすれば[39]，合同会社の持分も信託することは可能であると考えられる[40]。そのため，今後は合同会社の資本政策においても信託が一つの選択肢となっていくことが想定される。

⑵　持分の信託譲渡に伴う留意点

　自己信託の場合を除き，委託者がある財産を受託者に信託譲渡することによって，当該財産は受託者に対して「処分」されることとなる[41]。

　合同会社の場合，持分を受託者に信託譲渡したときは，当該持分（すなわち社員としての地位）は委託者である現社員から受託者に対して移転するため，受託者が新たに合同会社の社員となる。したがって，委託者がその有する持分のすべてを信託譲渡した場合，委託者はもはや合同会社の社員ではなくなり，委託者が業務執行社員であった場合には，業務執行社員としての地位も当然に失うこととなる。そのため，もし受託者が個人であり，唯一の社員となる場合，当該個人が合同会社の直接の経営権を取得することとなる（ただし，受託者は信託の目的に従うとともに，善管注意義務及び忠実義務を負う（信託法26条，29条，

39　道垣内弘人編著『条解信託法』30頁（弘文堂，2017年）

40　なお，神田秀樹＝折原誠『信託法講義［第2版］』38-39頁（弘文堂，2019年）は，信託の対象となる「財産」について，①金銭換算性，②積極財産性，及び③処分・移転可能性を挙げているが，合同会社持分は，譲渡の効力発生要件を満たす限り，いずれも満たすこととなる。

41　道垣内弘人『信託法［第2版］』30頁（有斐閣，2022年）

30条）。）。他方，法人たる受託者が唯一の社員となる場合には，当該法人の職務執行者として委託者を選任することで，引き続き合同会社の経営に関与することができることとなる。

　税務上，信託財産に属する資産及び負債については，受益者が保有するものとみなされ，また信託財産に帰属する損益も受益者に帰属するものとみなされる（所得税法13条1項，法人税法12条1項）。そのため，税務上は信託の受益者が（自益信託であれば受益権が譲渡されない限り委託者兼受益者が引き続き）合同会社の持分を保有し続けているものとみなされ，当該持分からの損益についても受益者に帰属するものとみなされる。

コラム⑤　株式の信託との差異

　上記で触れたとおり，株式会社の発行する株式を信託譲渡することは頻繁に行われている（一般的に行われている，というほどではないにしても，資本政策を検討するにあたって，事業承継が関係しない場合であっても検討の俎上に載せられることもある。）。

　株式を信託する場合，法律上は受託者が株主となるため，議決権の行使は受託者が行う。しかしながら，株式会社の取締役は（会社法331条2項但書の場合を除いて）株主である必要はないことから，（議決権行使に係る指図権を委託者に付与すること等により）受託者を通じて委託者を取締役として選任すれば，株式会社の経営に直接関与し続けることができる。

　これに対して，合同会社の場合，委託者の有する持分をすべて信託譲渡してしまうと，上記のとおり社員としての地位を失うため，委託者は合同会社の経営に直接関与できない可能性が生じてしまう。この点は，信託を利用する場合における株式会社と合同会社との最も大きな違いであり，株式を信託する場合に通常留意する事項に加えて，受託者を誰とするか，信託行為（信託契約書等）においてどのような定めを置くべきか等，合同会社特有の事項についても十分な検討が必要となる。

5　持分の貸借取引

　株式の空売りや安定操作取引，議決権と経済的損益の分離等を目的として，株式を貸借取引の対象とすることがある[42]。株式の貸借取引は消費貸借となる場合と賃貸借となる場合があるとされ，両者の差異は株式（株券）の所有権の移転の有無にある[43]。なお，税務上の問題を孕むものの，無償による株式の貸借取引も可能であり，その場合には消費貸借か使用貸借となるが，両者の差異は同様である。

　他方で，合同会社持分の消費貸借は，基本的に観念することができないと考えられる。すなわち，消費貸借契約は「種類，品質及び数量の同じ物をもって返還をすることを約して」（民法587条）行うものであるところ，株式であれば貸借した株式以外にも同種の株式が発行されうるし，誰が株主であってもその権利内容に影響はないが，合同会社の場合，各社員が保有する持分は各社員と結びついており，ある社員が有する持分と，他の社員が有する持分は基本的に別個の持分であると考えられるためである[44]。したがって，合同会社の持分を貸借取引の対象とする場合，必然的に使用貸借又は賃貸借になると考えられる。

　賃貸借の目的物は，物であるとされているが（民法601条），（その使用収益が可能であれば）権利も賃貸借することができると考えられ，この場合には賃貸借に類似した無名契約として，賃貸借の規定を類推して解釈すべきとされる[45]。

---

[42]　森・濱田松本法律事務所キャピタル・マーケッツ・プラクティスグループ編『上場株式取引の法務［第2版］』516-517頁（中央経済社，2019年），大石篤史ほか編著『設例で学ぶオーナー系企業の事業承継・M&Aにおける法務と税務［第2版］』419頁（商事法務，2022年）

[43]　消費貸借であれば所有権は借主に移転し，賃貸借（あるいは使用貸借）であれば所有権は貸主に残ることとなる（我妻榮『債権各論中巻一』356頁（岩波書店，1957年），森・濱田松本法律事務所キャピタル・マーケッツ・プラクティスグループ・前掲（注42）167-168頁）。

[44]　社員Aと社員Bが同じ100円を出資し，社員Cのみが業務執行社員であれば，社員Aと社員Bとの持分は同種同等であるともいいうるが，それはある時点においてたまたまそうなったにすぎないものであり，例えばその後利益の配当を社員Aのみに行えば同種同等性は失われるであろうし，結局，本質的に両者が同種同等であるとはいえないものと思われる。

[45]　我妻・前掲（注43）424頁。なお，権利の賃貸借（類似の取引）が可能である以上，同じく物を対象とする使用貸借（民法593条）に関しても，権利の使用貸借（類似の取引）は可能であると考えられる。

したがって，合同会社の持分を貸借する場合，使用貸借又は賃貸借の規定が（類推）適用されることとなろう。なお，借主が借り受けた持分をどのように使用収益できるかどうかは，前提となる持分の貸借契約書の規定に従うこととなろう。

　合同会社の持分を貸借した場合，持分の所有権自体は移転していないため，合同会社との関係では，社員としての地位は貸主のままであると考えられる。そうすると，貸主が業務執行社員であった場合，貸借取引を行った後も貸主が業務執行社員のままであると考えるのが合理的である。しかしながら，この点については実務上の明確な取扱いはなく，貸借取引に際しては合同会社，貸主及び借主の間で十分な検討が必要となろう。

6　持分の一般承継

⑴　持分の一般承継の可否

　株式会社の発行する株式は，相続等の一般承継により取得することができる。「一般承継」とは，ある者が他の者の権利義務のすべてを一体として受け継ぎ，法令上その権利義務に関して前主と同じ地位に立つことをいい，例えば相続や合併による承継が挙げられる[46]。これに対して，個々の権利義務を取得する場合は「特定承継」と呼ばれ，例えば売買や贈与による承継がある。

　株式会社は，上記1のとおり，定款の定めにより，その発行する譲渡制限株式を「相続その他の一般承継」により取得した者に対して，その株式をその株式会社に売り渡すよう請求することができる（会社法174条）。

　これに対して，合同会社の持分については，原則として，死亡及び社員が消滅会社となる合併が法定退社事由とされており（会社法607条1項3号・4号），その例外として，定款に別途定めを置くことで，持分を相続又は合併により一般承継させることができる（会社法608条1項）。

　すなわち，株式会社は原則として株式の一般承継を許容しつつ，例外的に株

46　法令用語研究会編『有斐閣法律用語辞典［第5版］』30頁（有斐閣，2020年）

式を一般承継により取得した株主を排斥することができるとされているのに対して，合同会社は原則として持分の一般承継を否定しつつ，例外的に定款の定めによりこれを許容しており，いわば原則と例外が入れ替わっている関係にあるともいえる。

　そして上記の帰結として，一般承継を許容する定款の定めがない合同会社の場合，ある社員に相続が発生したり，ある法人社員が合併により消滅したりすると，当該社員については法定退社となり，その結果，その持分について持分の払戻しとなり，税務上もみなし配当課税が生じることとなってしまう（会社法611条1項本文，所得税法25条1項6号，所得税法施行令61条2項6号，法人税法24条1項6号，61条の2第1項，法人税法施行令23条1項6号）（持分の払戻しについては第4章Ⅱ2参照）。ただし例外的に，定款に別途定めを置くことで，当該社員の相続人や合併存続会社が新たに合同会社の社員となり，退社に伴う持分の払戻しは生じないとされている（会社法611条1項但書）。

(2)　持分の承継を巡る実務上の留意点

ア　持分の一般承継を許容する規定の要否

　実務上，合同会社においてこうした一般承継を許容する旨の規定が定款に置かれていない場合が散見される。

　こうした規定を意図的に置いていない場合にはもちろん何ら問題はないが，死亡や合併が法定退社事由となっていることを知らずに当該規定を置いていない場合には，意図せず持分の払戻しが生じることになる。最悪の場合，社員が1名であれば，当該唯一の社員の退社により，合同会社の解散事由ともなりかねない（会社法641条4号）。特に個人（自然人）が社員となる一人会社の場合，現時点での科学水準では，将来必ず個人（自然人）に相続が発生するため，こうした合同会社の定款を確認する機会があるときは，まず最初にこの規定が置かれているかどうかを確認すべきである。

　当初の想定とは異なる現在の合同会社の一般的な利用例を踏まえれば，持分の一般承継を許容すべきでない理由がある場合を除いて，原則として，持分の

一般承継を許容する旨の規定を定款に設けておくべきであろう。

　なお，相続による一般承継を許容した場合において，一般承継人（相続人や包括遺贈を受けた者）が複数存在するときは，承継した持分についての権利行使者を1人定めなければ，その持分についての権利を行使することができない（会社法608条5項）。一般承継人は持分を準共有[47]することとなるが（民法898条，264条），権利行使者の決定については，承継割合に応じた過半数の決議で足りるとされている[48, 49]。

イ　持分の一般承継の条件

　合同会社の持分について，特定の相続人が持分を承継する，全社員の同意がある場合に限り持分を一般承継できる等，持分の一般承継について一定の条件を満たすもののみを許容する定款上の定めも有効であると考えられている[50]。

　こうした規定は，特に資産管理会社として利用する場合には有効な定め方となる。相続が発生した社員の相続人の中には，残存社員にとって好ましい相続人がいることもあれば，そうでない相続人がいることもある。そのため，好ましくない相続人が合同会社の持分を承継するときには，持分の一般承継を許容しない建付けとすることもできるのである。

ウ　会社分割と一般承継

　株式会社の場合，会社分割により取得した株式について譲渡承認手続が必要かどうかが問題となることがある。すなわち，会社分割による株式の取得が一般承継による取得であると考える場合，「譲渡」ではないため譲渡承認手続の対象とはならないが，譲渡による取得と考える場合には，譲渡承認手続が必要となるのである[51]。そのため，こうした文脈において，会社分割による株式の

47　民法上，所有権を数人で保有する場合は共有，所有権以外の財産権を数人で保有する場合は準共有として整理されている。

48　有限会社の事例であるが最判平成9年1月28日集民181号83頁

49　論点体系会社法(4)619頁［髙井章光］

50　会社法コンメ(14)239頁［小出篤］

取得は一般承継であるか否かが議論されることとなる。

　これに対して，合同会社において法定退社事由とされているのは死亡と合併のみであり，会社法上の特則が置かれているのも，あくまで「相続」と「合併」であることからすると（会社法608条1項），少なくとも合同会社の持分に関する文脈においては，会社分割による持分の取得は，会社分割による財産の取得を一般承継であると解釈するか否かにかかわらず，通常の譲渡による取得の場合と同様に考えれば足りよう[52]。

　したがって，合同会社の場合，相続や合併による一般承継を認める規定を定款に設けておく必要がある点に留意が必要であることに加えて，持分譲渡の効力発生要件である総社員の同意（又は定款における別段の定めに基づく同意）を取得しておかないと，そもそも分割による持分移転の効力が生じないこととなる可能性がある点にも留意が必要となる。この場合，分割会社が依然として合同会社の社員として扱われることとなる。

51　この点については田中亘「中小企業等協同組合の持分の会社分割による移転についての組合の承諾の要否」ジュリスト1527号121頁（2019年）参照。なお，江頭・株式会社法956頁は，会社分割による権利義務の承継は一般承継であるとし，当該田中論稿で扱っている大阪地判平成29年8月9日金融法務事情2083号82頁に批判的である。

52　仮に会社分割による持分の取得は一般承継であり，通常の譲渡とは異なるものと考えると，会社分割による合同会社持分の移転は，譲渡でもなく，また会社法608条1項に列記された「相続」や「合併」でもない以上，社員の同意を一切要せずに持分が移転することとなってしまい，また法定退社事由ともならないこととなる。これは持分の移転に原則として総社員の同意を要するとし，また一般承継による合同会社持分の取得を原則として制限している会社法の趣旨に反するように思われる。そのため，会社分割による持分の取得を一般承継であると解釈する場合であっても，会社法585条1項に規定する「譲渡」には，会社分割に伴う一般承継を含むものと解釈すべきであろう。

コラム⑥　会社分割は包括承継事由か

　注51で触れた大阪地裁判決は，中小企業等協同組合の持分が，中小企業等協同組合の組合員であった会社が行った会社分割により当然に移転するかが論点となった事案である。これについてやや長くなるが，ここで少し触れる。

　中小企業等協同組合法17条１項は「組合員は，組合の承諾を得なければ，その持分を譲り渡すことができない。」としている。そして同判決は「組合は，資本団体である株式会社とは異なり，相互扶助の精神を基調とする人的結合体であると解されるのであって，中協法17条１項は，組合員が組合の持分を譲渡することは組合の基礎をなす組合員の信頼関係に影響を及ぼすものであることから，組合員が組合の持分を譲渡するときは組合の承諾を要するとしたものと解される。そして，会社分割による組合の持分の承継も，組合の持分の譲渡と同様，組合員の変更や出資口数の増減を生じさせるものであり，組合員の信頼関係に影響を与え得るものであることに鑑みると，前記のとおり同項が持分の譲渡に先立ち組合の承諾を要するとした趣旨は，会社分割により組合の持分を承継する場合にも当てはまることは明らかである」として，会社分割による組合持分の移転であっても，組合の承諾を得なければならないとした。そして，同判決の控訴審判決である大阪高判平成30年２月１日税務訴訟資料順号2018－３も，この判断を維持している。

　合同会社を含む持分会社も，上記１のとおり，社員相互の信頼関係が基礎となっていることから，上記中小企業等協同組合に関する判示は，合同会社について検討するにあたって参考になると考えられる。ただし，旧商法下のものであるが，最判平成22年７月12日民集64巻５号1333頁は「新設分割の方法による会社の分割は……営業を単位として行われる設立会社への権利義務の包括承継であるが……」ともされており，会社分割による権利義務の移転が一般承継（包括承継）か否かという点については，明確な結論を得られていないのが実情である。

V　持分に対する担保設定

　株式会社の株主が金融機関から借入れ等を行う場合，株式を担保とすることができる。株式の担保化としては，略式株式質，登録株式質，及び譲渡担保がある[53]。特に略式株式質は株券発行会社であれば株式を質権者に交付することで効力が発生し，株券の占有が第三者対抗要件となるため（会社法146条2項，147条2項），実務上，利用される機会も多い（株式の担保化のため，株券発行会社となるケースも多い。）。

　他方，合同会社の場合，合同会社の持分に質権を設定することが可能であると考えられており，合同会社持分を担保化する場合にはこの方法によることになる（民法362条1項）[54]。会社法上は合同会社持分への質権設定に関する規定は置かれていないが，実務上，質権設定及び質権実行時に，それぞれ他の社員全員の承諾をとっていることが多い（会社法585条1項参照）[55]。ただし，二度の承諾を取得するのは手間であり，また質権実行が妨げられてしまうことを避けるため，質権の実行に伴う持分の移転については，定款により，社員の承諾を要しないものと定めることがある[56]。

　また，設定した質権の対抗要件として，質権設定者（債務者）による確定日付のある通知又は合同会社による確定日付のある承諾書を取得することとなる（民法364条，467条）[57]。

53　江頭・株式会社法227頁

54　江頭・前掲（注17）39頁，江頭ほか・前掲（注37）16頁〔新家寛発言〕

55　新家寛・桑田智昭「合同会社の活用に際しての留意点」資料版商事法務344号41頁（2012年）

56　仲谷・田中・前掲（注6）22頁。なお，株式会社の場合，譲渡制限について但書として，当社の株式に設定された担保権の実行に伴う，担保権者による株式の取得については，譲渡承認機関の承認があったものとみなす旨の規定が置かれることもあり，これと同様の発想であろう。

57　江頭ほか・前掲（注37）16頁〔新家発言〕

コラム⑦　合同会社持分の担保化

　上記のとおりファイナンスの場面において，実務上，合同会社の持分に質権を設定してこれを担保化する，という方法が採られている。しかしながら，こうした方法が多く採られるのは，合同会社を用いるスキームが一般化しているような場面に限られており，それ以外の場面では，そもそも合同会社の持分を担保化するという選択肢自体，検討の俎上に載ることは少ない。これは，単に合同会社の持分が担保化可能であることが広く認識されていないことに加えて，特定の分野を除いて，金融機関等においても合同会社の持分に質権設定するような先例はほとんどなく，保守的にならざるを得ない，といった背景もあるように思われる。

　例えば，事業会社のオーナーであれば，自己の保有している株式を担保に金銭を借り入れるような事例は比較的多いが，合同会社の場合にはこうした事例はほとんど見かけない。会社設立の目的や想定される利用方法によっては，会社形態選択にあたってこの点が重要となることがあるので，注意を要する。

Ⅵ　持分の評価

1　取引価格の算定

(1)　取引価格の基本的な算定方法

　合同会社の持分の譲渡は，少なくとも会社法上は例外的な事象であるが，実務上，合同会社の持分の取引価格（時価）をどのように計算するべきかが問題となることも多い。確かに，合同会社の社員には，株式会社の場合におけるような株式買取請求権（例えば会社法785条，797条，806条等）や譲渡制限株式の買取請求権（会社法138条1号ハ・2号ハ）は認められていないが，合同会社の持分を譲渡する場合，相続財産や遺留分侵害額の計算において持分の時価計算が必要となる場合，合同会社の持分が差し押さえられた場合など，合同会社の持分の時価が問題となる場面は多く存在するからである。そこで，まず合同会社の持分の取引価格についての考え方を検討する。

合同会社の場合は原則として市場株価が存在しないため[58]，持分の価値算定にあたっては，基本的に株式会社と同様，DCF法や類似会社比準法，（簿価・時価）純資産法等を利用することになると考えられる[59]。

こうした算定手法を利用するのは株式会社と同様であるが，合同会社の場合に，株式会社における評価方法と異なる点があるかどうかが問題となりうる。なぜなら，すでに検討してきたとおり，合同会社は株式会社と異なる建付けになっている部分が多く，それらが合同会社の持分価値に影響を与える可能性があるからである。とりわけ持分価値に大きく影響を与える利益配当についての考え方ですら，株式会社における利益剰余金の考え方と大きく異なっているのである。そこで以下では，具体的な留意点について，時価純資産価額における評価（いわゆる時価純資産法）を例にとって検討することとする。

⑵　具体的な算定（時価純資産法を例に）

まず，株式会社の株主価値を時価純資産価額に基づいて評価する場合，普通株式のみを発行している株式会社については，基本的に時価純資産価額を発行済株式数で割れば，1株当たりの評価額を計算することができる[60]。通常，実務において意識されることはないが，合同会社との比較の観点で見れば，株式会社における利益剰余金は，いつ株主となったか否かにかかわらず，配当基準日現在における株主に平等に配当される。そのため，同じ種類の株式である限り，各株式の価値が異なることは基本的に想定されていないのである。こうした理由から，時価純資産価額を発行済株式数で按分すれば，1株当たりの時価

58　合同会社を国内において上場することはできず，（理論的には可能でも）譲渡制限が一切ない合同会社持分も実務上はほぼ存在していないため，そもそも「市場」が存在し得ない。

59　評価方法につき，田中・会社法93-97頁，日本公認会計士協会編『企業価値評価ガイドライン［改訂版］』41頁（日本公認会計士協会出版局，2013年）参照

60　日本公認会計士協会・前掲（注59）69頁。なお，企業価値と株主価値とは別個の概念であるが，以下では検討の便宜上，企業価値＝株主価値としている。また，株主間契約等において何らかの合意を行っている場合の調整の要否も問題となりうるが，バリュエーションに関する詳細な議論については，本書では取り扱わない。

を算定できるのである[61]。

　これに対して，合同会社の場合には事情が異なる。合同会社における利益の配当は，上記Ⅲ3にて検討したとおり，各期において各持分権者に対して帰属した損益を前提に行われる。そのため，株主価値（持分価値）算定の基準時より前に，当該持分に帰属していた利益額（会社計算規則163条）から利益の配当が行われている場合，ある持分が会社設立後の追加出資に基づくものである場合（追加出資以前の利益額はその持分には帰属しない。），持分間の損益分配割合が異なっている場合などには，適切な調整が必要となる。特に，追加出資があった場合で，すでに利益配当が行われているときには慎重な調整が必要となる。

　例えば，普通株式のみを150株発行している株式会社Yの時価純資産が900であるとき，1株当たりの純資産価額は6（＝900÷150）となる。したがって，株式会社Yの株主であるZが，同社の株式を10株有しているとき，その保有する株式の価値は合計で60（＝10株×6）となる。繰り返しになるが，株式会社Yの時価純資産には，同社の利益剰余金の額が含まれており，これは評価時点における株主に平等に配当されることから，これ以上の調整は基本的に不要となる。

　これに対して，社員Aが100，社員Bが50出資している合同会社Xの時価純資産が900であるときを考える。これについては場合を分けて検討していく。

設例1　利益の配当が行われていない事例
　合同会社Xの社員は設立以来変動がなく，評価時点において一度も利益の配当が行われておらず，損益分配割合が出資割合に応じて定められている場合

　これが最もシンプル，かつ，ほとんどの合同会社に当てはまる事例であると考えられる。

61　ただし，属人的株式に関する定めがある場合には，その内容に応じて調整を要するが，結局種類株式と同様に考えれば足りよう。

　この事例であれば，株式会社の場合と同様に考えて差し支えない。したがって，社員Ａの持分価値は600（＝900÷150×100），社員Ｂの持分価値は300（＝900÷150×50）となる[62]。

設例2　利益の配当が過去に行われている事例
　過去，社員Ａに対して150の配当が行われていた場合
　（それ以外の条件は設例1と同様とする。）

　この事例のように，すでに社員Ａに対してのみ150の配当を行っていたような場合，合同会社の現在の純資産価額をそのまま出資割合に応じて按分するのは不適切である。なぜなら，現在の純資産価額は社員Ａに対して利益の配当を行った後の価額であり，社員Ａと社員Ｂに帰属している利益額の比率は，社員Ａ及びＢの出資割合と異なっているからである。なお，当然ながら未実現利益はまだ各社員に帰属していない。

　したがって，既配当部分を考慮して各持分価額を計算すると，社員Ａについては550（＝（900＋150）÷150×100−150），社員Ｂについては350（＝（900＋150）÷150×50）となる（**図表3−5**参照）。ここでは，当該配当がなかった場合には1,050（＝900＋150）の株主（持分）価値があったため，それを前提に各社員が有する持分の価値を計算し，そこから既配当部分を個別に減額している[63]。

62　計算式からもわかるとおり，持分1円当たりの時価を計算している，とも表現できる。

63　なお，当該150の配当によって，合同会社Ｘは事業投資できる財産を失っていることから，社員Ａに帰属すべき損益の額は調整されるべきとの考え方（Ａに配当を行った分だけ収益が得られなくなっている一方，Ｂに帰属すべき利益を再投資して収益を得ていることから，当該部分についてはＢにのみ帰属させるべきとの考え方）もありうるように思われる。しかしながら，会社法上，社員はいつでも利益の配当を請求できることとされている以上，合同会社という制度上，そうした調整は想定されていないように思われる（もちろん，社員同士の合意で損益分配の割合を利益の配当ごとに変更するとか，Ｂに対しても利益の配当を行い，これを再出資させるといった対応を行うことも可能である。）。

【図表３－５】　利益の配当が過去に行われている場合の計算例

合同会社Ｘ（出資割合＝社員Ａ：社員Ｂ＝100：50）		
設例１（過去に配当を行っていない場合）		
	社員Ａ	600
	社員Ｂ	300
設例２（社員Ａにのみ150配当済みの場合）		
	社員Ａ	550
	社員Ｂ	350

設例３　社員の変動がある事例

　合同会社Ｘの設立時には社員Ａが唯一の社員であり，第３期において社員Ｂが新たに社員となった場合（なお，第２期末時点において社員Ａに帰属していた利益額は150であり，その後，損失は発生していないものとする。またそれ以外の条件は設例１と同様とする。）

　この場合，第２期末までに社員Ａに帰属していた150を除いた750が社員Ａと社員Ｂとで出資額に応じて帰属することとなる。したがって，社員Ａについては650（＝（900－150）÷150×100＋150），社員Ｂについては250（＝（900－150）÷150×50）となる。

　なお，上記の数値を見ると，設例１で社員Ａの持分価値が600であるのと比べて，やや社員Ａの持分価値が小さすぎると思われるかもしれない。この原因は，すでに社員Ａに150の利益が帰属しているにもかかわらず，それを考慮しないまま，社員Ａと社員Ｂとの損益分配割合を出資割合のみによることとしたためである。

　すなわち，社員Ｂが出資する時点において，合同会社Ｘには，社員Ａから受け入れた出資を利用して得られた利益額150（及び未実現の利益）があり，これは合同会社Ｘの事業に再投資されているものであって，社員Ｂが新たに50を追加出資したからといって，合同会社Ｘの損益のうち３分の１（＝50／150）の分配を受けるとすると，本来，社員Ａの出資のみから得られていたはずの合同会

社Xの収益の一部が，追加出資した社員Bに帰属してしまうのである[64]。言い換えれば，社員Aに帰属すべき利益額の一部が，社員Bに移転してしまっているのである。

　この点については，社員Aが毎期利益の配当を受けると同時に同額を再出資している場合と比べればわかりやすい。社員Aの利益額150について一度利益の配当として受領し，直ちに150を出資する場合，純資産額としては変動がなく，社員Aの出資額は250，社員Bの出資額は50となるから，社員Aについて750（＝900÷300×250），社員Bについて150（＝900÷300×50）となる。そうするとこの設例では各社員持分の価値に100の差異が生じていることになる。

　もし社員持分の価値を踏まえずに追加出資が行われ，出資割合に基づく損益分配割合を定めた場合，税務上の問題を生じさせるが，追加出資に関する論点でもあるため，第4章Ⅰ2～3にて詳述する。

　以上，設例2及び設例3で検討した調整は，他の評価方法においても問題となりうる。なぜなら，株式（持分）の価値は，最終的に株主（社員）に還元されることが期待される価値であって，企業価値の算定方法が異なっていても，このことに違いはないためである。例えば，DCF法によって企業価値を計算したとしても，それに基づいて別途各株主や社員に帰属すべき価値を算定しなければならない[65]。したがって，合同会社の場合，企業価値を算出する場合にいかなる手法を用いたとしても，持分の価値を算定する際には，過去に行った利益の配当の有無や損益分配の割合を加味しなければならないのである。

　合同会社における持分の時価を評価する場合には，株式会社と異なる調整が

64　これについては前掲（注63）との整合性も問題となりうる。私見としては，原則論として，先に利益の配当をしていたとしても，それは会社法の設計上当然に認められた事態であり，それに伴って社員間の調整を行う必要はないのに対して，追加出資を行う場合には，もとより定款変更が必要であり，その際に適切に損益分配の割合も定めることができる以上，追加出資時の社員間の調整を行わない場合には，追加出資に伴って利益移転が発生していると考えるべきである。ただし，個別具体的な事例においては，利益の配当時や追加出資時における具体的な事情や金額の多寡等を踏まえて，個別に判断せざるを得ないと考えられる。

65　直接株主（持分）価値を計算する方法もあるが，その場合には直接，各持分に帰属すべき利益やキャッシュフロー等の計算要素を調整しなければならない。

必要となりうる点に留意が必要である。

2　税務上の時価

⑴　原　則

ア　相続税法上の時価

　まず，合同会社持分の相続税及び贈与税における評価（相続税評価額）については，財産評価基本通達194より，取引相場のない株式における評価方法を準用している。したがって，財産評価基本通達178以下の定めに基づき評価されることとなる。

（持分会社の出資の評価）

194　会社法第575条第1項に規定する持分会社に対する出資の価額は，178≪取引相場のない株式の評価上の区分≫から前項までの定めに準じて計算した価額によって評価する。

　しかしながら，株式会社と合同会社とは配当の仕組みが全く異なることは上記1のとおりであり，配当額を考慮要素としている類似業種比準価額（財産評価基本通達180）や配当還元価額（財産評価基本通達188-2）をそのまま適用することには若干の違和感を覚える。

　例えば，配当還元価額であれば，過去の配当実績をもとに評価がなされるが，合同会社では基本的に損益が各社員に帰属するため，過去に特定の社員に対してのみ配当が行われていた場合，当該社員の有する持分は，他の持分と比べて，帰属する利益の額が小さいため，むしろ当該持分の価値は相対的に下がるはずである。そのため，財産評価基本通達に基づく配当還元価額が，適切に合同会社持分の価値を表しているとはいえない可能性がある。

　もし，評価対象となる持分について，過去に一部の社員のみを対象とした利益の配当が行われている等の理由により，類似業種比準価額や配当還元価額があまりに実態とかけ離れているような場合には，財産評価基本通達「の定めに

よって評価することが著しく不適当と認められる」（財産評価基本通達6，いわ
ゆる総則6項）場合と判断される可能性もあろう[66]。実務上，多くの合同会社に
おいてはこうした変則的な事態が生じていないため，問題が表面化していない
と考えられるが，合同会社が広く利用されるに至り，この問題が今後表面化す
る可能性は否定できない[67]。

　なお，財産評価基本通達において，追加出資に伴って取得した持分について
社員間に価値移転が生じる場合における調整に関する規定も置かれていないが，
追加出資に伴って取得した持分に関しては，追加出資時点において利益移転が
生じている以上，その時に移転した利益の額に基づいて所得税，法人税又は贈
与税の課税関係が検討されれば足りる。

　イ　所得税法・法人税法上の時価

　次に，所得税法上の時価及び法人税法上の時価についても，基本的に財産評
価基本通達178以下に基づく評価によっているため，基本的に上記アと同様で
ある（所得税基本通達23〜35共−9⑷ニ，59−6，法人税基本通達9−1−13⑷，
9−1−14）。

　しかしながら，所得税法・法人税法上の時価を算定するにあたっては，上記
財産評価基本通達に一定の修正が加えられるため，相続税評価額と比較して高
く評価される傾向にある。なお，所得税法上の評価方法と法人税法上の評価方
法には若干の相違がある点には留意が必要であるが，これらの点については，
財産評価基本通達をそのまま適用することの問題点のほかは，株式会社におけ
る場合と同様であるから，その詳細については，本書では取り扱わない。

66　総則6項に関しては，最判令和4年4月19日判例タイムズ1499号65頁が一定の判断を示している
　　が，租税負担を減少させ又は免れさせるものであることを知り，かつ，これを期待していた事案で
　　あり，こうした場合において総則6項の適用がありうるかどうかは，今後の議論及び裁判例の蓄積
　　を待つほかない。
67　なお，通達の基準よりも高い財産評価に基づいてなされた課税を不当，不公正とはいえず，憲法
　　違反でもないとした原審を是認したものとして最判昭和49年6月28日税務訴訟資料75号1123頁があ
　　る。

⑵ 異なる内容の持分が存在する場合の価値評価と税務

ア 問題状況

株式会社が異なる種類の株式を発行している場合，各種類株式の発行時や譲渡時に，その税務上の時価が問題となることがあるが，種類株式の評価に関する法令上の規定や通達の内容は極めて限定的なものにとどまっている。そしてこれは，合同会社の持分においても同様である。

例えば，合同会社で典型的に予定されていた，専門的な知識や技術の提供に基づく優先配当[68]についても，その前提となる損益分配割合が，提供を受ける知識や技術に応じた割合となっていない場合には，税務上の問題が生じうることとなる。すなわち，提供される知識や技術が過小評価されているとされてしまえば，その分だけ利益の配当が少ない（＝本来帰属すべき利益が他の社員に帰属してしまっている）ということになるし，過大評価されていれば，利益の配当が過大である（＝特定の社員に多く利益が帰属してしまっている）ということになる。そのため，こうした優先配当に関しては，社員間での利益移転が税務上問題となるのである[69]。

また，上記Ⅲ 6 で検討した非累積型優先配当の例においても同様に，ある社員に対して出資比率よりも大きい損益分配割合を認める場合，それにより，当該社員が出資した金額よりも，当該社員が取得した持分の時価が高くなる，すなわち有利発行となる可能性がある。この場合，反対に，他の社員について見れば，出資金額よりも価値の小さい持分を取得していることから，不利発行となりうる[70]。

---

[68] 専門的な知識や技術の提供を受ける代わりに，実際の出資割合より大きい割合により利益の配当を受けるようにするか，専門的な知識や技術の提供を金銭的に評価し，これを出資したものとして定款に記載し，損益を分配するか，となろう。ただし労務については，第 2 章Ⅱ 2 ⑴のとおり，実務上，その評価は困難である。

[69] なお，いつの時点で利益の移転が起きているのか，という点も問題となりうる。もし定款において損益分配割合を定めた時点で，それが適切な評価に基づくものではないとされれば，当該定款が全社員の同意（会社法575条，637条）を得た時点になると考えられるが，途中からそうした知識や技術の価値が低下した場合やそもそも知識や技術の提供がなくなってしまった場合に，税務上どのように評価すべきかは，なお難しい問題である。

　そうすると，出資時に社員間において，出資額と時価との差額に相当する利益が移転しているとして，優先的に利益の配当を受けられる社員に課税が生じる可能性がある[71]。

　イ　対応策の指針

　㋐　優先配当・劣後配当が定められている場合

　株式会社が優先配当株式を発行する場合には，優先配当の分だけ時価が高いとして1株当たりの払込金額を高く設定することも多い。この場合，実務上，優先配当株式の権利内容や会社の業績を踏まえて専門家によるバリュエーションが行われることもある[72]。ある種類の株式について劣後配当とする場合についても，この裏返しである。

　合同会社において会社法のデフォルトルールと異なる内容の持分を定める場合も，その基本的な性質は株式会社における優先配当と同様であるから，基本的に優先配当株式の場合と同様に評価を行えばよいと考えられる。ただし，評価にあたっては上記(1)で検討した事項に留意すべきである。

　㋑　配当以外における特別な定め

　上記㋐のとおり，ある種類の株式や持分（社員）について優先配当の定めがある場合には，その経済的評価は比較的行いやすいが，配当や残余財産分配のような経済的内容以外の内容が定められている種類株式や持分の評価には困難を伴う。

　例えば，合同会社では，帳簿閲覧請求権を無条件で認めたり，さらには会社経営のうち特定の事項に関して一定の発言権を認めたり，といったことも可能

70　なお，株式における税務上の有利発行の基準は，株式の価額と払込金額等の差額が，当該株式の価額のおおむね10％相当額以上であるかどうかにより判定するとされている（法人税基本通達2－3－7（注）1）。この基準は合同会社の持分においても適用されるものと考えられる。

71　有利発行に係る課税関係については上田正勝「有利発行有価証券に係る受贈益を得た個人に対する課税関係」税務大学校論叢92号365頁，394-395頁（2018年）参照

72　例えば，普通株式と累積型・非参加型の優先株式のみが発行されている場合の時価計算方法について，日本公認会計士協会・前掲（注59）272頁

であるが，こういった経済的価値で算定を行うことが難しい共益的な権利について優先権が認められているような場合である[73]。

これに関連して，株式の議決権に関しては，例えば議決権制限株式について，実際の議決権制限株式と普通株式の価格スプレッドを検証する手法が有効であり，その平均は海外研究事例でおおむね5％～10％，国内金融機関における検証でも約4.0％とされていることや，国内事例においても5％のディスカウントとした事例があることが紹介されている[74]。また，拒否権付株式についても，株式市場における実際のコントロール・プレミアムが参考になるとして，その水準は10％～50％であるとする論稿が紹介されている。そのため，「議決権」[75]に関する特別な定めがある場合には，こうした事例が参考になろう[76]。

議決権の税務上の評価に関しては，相続税法上の評価において，議決権の価値を基本的に考慮せず，無議決権株式の場合には例外的に，評価額の5％を議決権のある株主に加算して申告することを選択できるとしていることが一応の参考となるが[77]，特に合同会社の場合には，個別の会社ごとに慎重な検討が必要となっている。財産評価基本通達に従うと著しく不合理な結果となるような場合に，総則6項が適用される可能性がある点は上記(1)と同様である。

---

73 共益権の経済的価値認定に困難があることを指摘するものとして，江頭・株式会社法132頁

74 日本公認会計士協会「経営研究調査会研究報告第32号 企業価値評価ガイドライン」132頁（最終改正平成25年7月3日）

75 ただし，合同会社における「議決権」に関しては，上記Ⅲ2を参照。

76 日本公認会計士協会・前掲（注59）275-276頁では，無議決権株式については，①市場価格の差異分析による方法と②支配権目的のTOBにおけるプレミアム分析による方法があるとされているが，拒否権付株式については，一般的に定量化は困難であるとされている（同278頁）。

77 国税庁文書回答事例「相続等により取得した種類株式の評価について」（平成19年2月26日）及び資産評価企画官情報第1号ほか「種類株式の評価について」（平成19年3月9日）参照

第 4 章

社員の加入・退社

本章では，合同会社における社員の加入及び退社について取り扱う。

株式会社の場合，株主が増加するのは，株主以外の第三者に対して株式を発行（いわゆる第三者割当増資）する（あるいは自己株式を処分する）場合，（株式会社自身を含む）既存株主が保有する一部の株式を第三者に譲渡する場合，株主に相続が発生し複数の相続人に株式が承継される場合等となる。これは，合同会社の場合でもほぼ同様である（会社法上は「社員の加入」として整理される。）。

他方で，「退社」という概念は，合同会社（持分会社）に特有なものである。「退社」とは，持分会社の存続中に，特定の社員における社員としての資格（社員権）が絶対的に消滅することをいう[1]。なお，合同会社の社員がその有する持分をすべて第三者に譲渡した場合，社員としての地位を失うこととなるところ，これは会社法に規定する「退社」には該当しない。しかしながら，持分の全部譲渡を「広義の退社」と呼ぶこともあり[2]，また実務上，これも退社として扱うことも多いため，本書でも退社事由の一つとして整理した上で検討する。

I　社員の加入

1　社員の加入方法

社員の加入とは，会社の成立後に持分会社の社員でなかった者が社員として加わることをいい，社員の加入は，合同会社に対する出資によるほか，第三者が社員持分の譲渡を受けるか，これを一般承継することにより生じる[3]。

社員の加入にあたっては，加入する社員を定款に記載する（定款変更する）ことによって効力が生じる（会社法604条2項）。したがって，定款に別段の定めがない限り，追加出資又は持分の譲渡による社員の加入にあたっては全社員の同意が必要となる（会社法637条）。ただし，非業務執行社員による持分の譲

1　会社法コンメ(14)212頁［小出篤］，論点体系会社法(4)464頁［和田宗久］
2　論点体系会社法(4)465頁［和田宗久］
3　論点体系会社法(4)459-460頁［和田宗久］

渡による加入の場合には，業務執行社員全員の同意（≠全社員の同意）で足りる（会社法585条2項・3項。なお，この場合に定款で別段の定めを置く場合の論点については第3章Ⅳ2参照。）。

　そのため，新たな非業務執行社員の出資による加入の場合と非業務執行社員による持分譲渡の場合とを会社法上のデフォルトルールを前提に対比して考えてみると，前者は総社員の同意が必要となるのに対して，後者は業務執行社員の全員の同意で足りることとなる（**図表4－1**参照）。特に既存持分の一部を譲渡する場合を考えてみれば，出資による新たな社員の加入の場合であっても，持分の一部譲渡の場合であっても，社員の構成のみに着目すれば結果に違いはないようにも見えるが，出資による加入の場合，これによって既存社員の損益分配の割合に変動が生じることから，出資による加入の場合には非業務執行社員も含めた総社員の同意を必要としているものと思われる[4]。

【図表4－1】　社員の出資による加入と持分譲渡

業務執行社員	出資による加入	総社員の同意
	持分譲渡	
非業務執行社員	出資による加入	総社員の同意
	持分譲渡	業務執行社員全員の同意

　他方，一般承継により持分を承継した場合，承継時に定款変更があったものとみなされる（会社法608条1項・3項）。なお，持分の一般承継に関しては第3章Ⅳ6を参照されたい。

4　非業務執行社員としては，通常，会社からの経済的利益を享受することに主眼が置かれると考えられるところ，持分譲渡の場合は既存社員の経済的利益に変動が生じることは原則としてないのに対して，設立後の追加出資の場合は，時価に基づいた追加出資及び損益分配割合の定め方をしても，自己の損益分配割合は減少すると考えられ，さらに下記3で見るとおり，損益分配割合の定め方によっては有利発行となりかねないため，非業務執行社員にとっても追加出資は重要な関心事となる。

2 既存社員の追加出資（出資の増加）

　合同会社は，既存社員から追加出資を受ける（既存社員が出資額を増加する）こともできる。これについては会社法上特段規定は置かれていないが，実務上は当然に可能と考えられている。

　出資の増加に関しても，社員の加入に関する規定（会社法604条）が適用（類推適用）される[5]。したがって，既存社員の追加出資についても，定款変更によって効力が発生することとなる（会社法604条2項）。

　以上1及び2からすると，社員の加入の場合も既存社員による出資の増加の場合も，必要となる手続については原則として同じであり，非業務執行社員による持分の譲渡のみ，規律が変わることとなる（上記図表4-1参照）。

3 社員の加入・出資の増加に関する税務上の論点

(1) 登録免許税

　合同会社が新たに社員となる者や既存社員から追加出資を受け入れるにあたっては，定款の社員の出資に関する事項において，新たに社員となる者の氏名及び住所，並びに出資の目的及びその額が新たに記載され，既存社員については出資の目的（出資の目的となった財産の種類が既存のものと異なる場合）及びその額について変更がなされることとなる（会社法576条1項4号・6号）。例えば，**図表4-2**のような変更がされることとなる（なお，法定の記載事項が記載されていれば足り，「社員名簿」等の名称で定款の末尾に記載する方法等も見られる。）。

5　会社法コンメ(14)206頁［今泉邦子］，相澤・立案担当161頁

【図表4－2】　社員の加入・追加出資における定款の変更例

社員Aが100万円の金銭を出資していた合同会社Xについて，社員Aが50万円の自動車を，新たに社員となるBが金100万円を出資する場合

－変更前－

(社員の氏名及び住所並びに出資の目的及びその価額)

　　　第●条　社員の氏名及び住所並びに出資の目的及びその価額は，次のとおりとする。

　　　東京都千代田区丸の内一丁目200番300号　社員A

　　　金銭　金100万円

－変更後－

(社員の氏名及び住所並びに出資の目的及びその価額)

　　　第●条　社員の氏名及び住所並びに出資の目的及びその価額は，次のとおりとする。

　　　東京都千代田区丸の内一丁目200番300号　社員A

　　　金銭　金100万円

　　　自動車（トヨタ　ハイエース（登録番号：千代田300な1234，車台番号KD－1234567）1台）　金50万円

　　　合計　金150万円

　　　埼玉県さいたま市浦和区高砂五丁目60番70号　社員B

　　　金銭　金100万円

　なお，新たな出資を受け入れたことのみでは登記事項に変更はないため，変更登記は不要である。業務執行社員に変動がある場合や資本金の額を増加させる場合にのみ，資本金の額の変更に関する変更登記[6]が必要となり，登録免許税が発生する（登録免許税法9条，別表第一第24号(1)ニ）。

　業務執行社員に変動がある場合，登録免許税は3万円（資本金が1億円超の

6　この変更登記にあっては，変更後の定款を提出する必要はない（松井・ハンドブック704頁）。

場合）又は1万円（資本金が1億円以下の場合）となる（登録免許税法9条，別表第一第24号(1)カ）。

　また，第2章Ⅱ2(2)で述べたとおり，合同会社については株式会社のような資本金組入規制が存在していないため，追加出資を受けた金額について資本金として計上する金額は任意に決定することができる。したがって，出資を受けた金額のすべてを資本剰余金として計上することも可能である（会社計算規則31条1項1号）。資本金を増加させる場合における登録免許税の額については，資本金の額の0.7％又は3万円の大きいほう（登録免許税法9条，別表第一第24号(1)ニ）である。

(2)　有利発行に関する論点

　上記(1)のとおり，合同会社が追加出資を受けた場合，社員に関する事項について定款変更がなされることが効力発生要件である。しかしながら，損益分配の割合については，変更を行うことを要しない。そのため，上記(1)の事例において，もし出資価額に比例して損益分配を行うものと定めている場合には，追加出資後の損益分配割合は，社員A：社員B＝150：100となる。

　しかしながら，追加出資が行われる場合に損益分配の割合を変更しない場合（又は不適切な変更が行われる場合）には，有利発行（不利発行）に関する論点に留意が必要である。

　例えば，上記(1)の事例で，追加出資前に1,200万円の利益が社員Aに帰属している場合，社員Bの加入後も会社法の原則どおり出資割合による損益分配を許容すると，社員Aと社員Bの追加出資部分が有利発行となる可能性が生じる。なぜなら，合同会社Xは設立時の払込資本100万円に加えて社員Aに帰属している1,200万円の利益を元手に事業を行っているのであるから，本来，利益剰余金1,200万円を原資として得た利益に関しては，社員Aに帰属すべきであるとも考えられるからである。それにもかかわらず，単純な出資割合による損益分配を可能とすると，社員Aに対して帰属すべき利益の一部が，Bに対して帰属することとなってしまうのである[7]。

　したがって，追加出資を受け入れる場合には，追加出資をした社員に対する損益分配割合について十分な検討が必要となる。上記事例でいえば，例えば社員Ａの当初出資額100万円については1,200，社員Ａの追加出資額については50，社員Ｂについては100の割合，すなわち，社員Ａ：社員Ｂ＝1,250：100の割合で利益分配を行う，といった調整も考えられる。

コラム⑧　追加出資時の時価評価

　グループ会社や資産管理会社等として利用されている合同会社において追加出資が行われる場合，設立以降の持分価値の上昇についてあまり意識がされない事例も散見される。合同会社も，株式会社のように，追加出資時点の利益剰余金は追加出資をした社員にとっての分配可能額を構成する，と判断してしまいがちであることによるものである。しかしながら，合同会社における追加出資については，株式会社の場合とは異なった検討が必要であることは上記のとおりである。

　もし万が一，追加出資時における損益分配割合の調整が漏れていた場合には，追加出資自体を取り消す方法も考えられる。追加出資をする社員にとっても合同会社にとっても，追加出資をする社員に利益移転を生じさせる目的がないのが通常であるため，追加出資を錯誤により取り消すという方法である（民法95条）。株式会社にあっては，株主となった日から1年又は株主としての権利を行使した後は錯誤取消しを主張できないが（会社法211条2項），合同会社にはこのような規定がない。ただし，税務上は追加出資時点においていったん利益移転が生じてしまっている以上，利益移転が生じた事業年度に係る確定申告期限を経過してしまった場合には，より慎重な対応が求められることとなる。

7　株式会社であれば，株式会社で利益剰余金が蓄積されていくに従って1株当たりの価値が上昇していくから，1株当たりの払込価額を増加することでこの問題に対応する（設立時1株100円だったものが，やがて1株500円に増加するのは自然なことである。）。しかしながら，合同会社の場合，出資価額をもって持分が表されるため，出資価額による調整が不可能である。比喩的にいえば，合同会社については持分1円当たりの価値が，設立時は1円であるところ，企業価値が増加するに従って5円，10円と増加していくことになる。そのため，すでに1円（株式会社でいえば1株）当たりの価値が12円（＝1,200万円÷100万円）になっているのに，社員Ｂが100万円を追加出資して，社員Ａの出資持分100万円と全く同じ経済的利益を享受する（株式会社でいえば1株12円であるのに1株1円として新株の発行を受ける）ことは，社員Ａに帰属すべき経済的利益が社員Ｂに移転することにほかならない，ということである。

Ⅱ　社員の退社

1　任意退社と法定退社

⑴　退社の定義

　退社とは，すでに述べたとおり，会社の存続中に特定の社員の社員資格が絶対的に消滅することをいい，「狭義の退社」といわれることもある[8]。これに対して「広義の退社」は，会社法上の退社事由に加えて，社員の有する持分全部の譲渡に伴い社員としての地位を喪失することを含む概念である。会社法における「退社」は狭義の退社を指していることから，以下では「狭義の退社」を「会社法上の退社」といい，「広義の退社」を単に「退社」という。

　会社法上に設けられている「退社」に関する規定（会社法606条〜613条）は，持分の全部譲渡の場合には適用されない。持分の全部譲渡の場合はあくまでも持分の譲渡に関する規定（会社法585条〜587条）が適用されることとなる。したがって，会社法上の退社と持分の全部譲渡との区別は，退社時に持分の払戻し（会社法611条）等が必要かどうかという点や社員権の絶対的消滅を生じさせるかどうかという点等が異なることになる[9]。

　会社法上の退社は，任意退社と法定退社とに分けられる。なお，やや特殊なものとして，持分を差し押さえた債権者による退社（会社法609条）があるが，便宜上，任意退社（予告による任意退社）として扱う。

⑵　任意退社

　任意退社は，さらに予告による任意退社とやむを得ない事由による任意退社

8　論点体系会社法⑷464-465頁［和田宗久］
9　会社法上の退社においては持分（社員権）そのものが消滅するため，社員数及び出資総額が確定的に減少するのに対して，持分の全部譲渡においては，持分自体は消滅しないことから，既存社員への全部譲渡により社員数が減少したり，分散譲渡により社員数が増加したりすることはあっても，出資総額には変動が生じない。

とに分けられる。

ア　予告による任意退社

(ア)　予告による任意退社の定義

　予告による任意退社とは，①合同会社の存続期間を定めなかった場合，②存続期間をある社員の終身の間として定めた場合又は③合同会社社員の債権者が持分を差し押さえた場合に，事業年度終了時の退社を認めるものである（会社法606条 1 項第 1 文，609条 1 項第 1 文）。この場合，退社する社員又は債権者は退社時（すなわち事業年度終了時）から 6 か月前までに退社の予告をしなければならない（会社法606条 1 項第 2 文，609条 1 項第 2 文）。

　こうした規定は民法上の組合と類似するものであるが（民法678条 1 項），民法上の組合についてはいつでも脱退を可能とし，やむを得ない事由がない限り，組合の不利な時期における脱退を制限するにすぎない。

　株式会社と同様，合同会社においても，その存続期間を定めることは多くなく（株式会社については会社法471条 1 号参照），存続期間を定めるのは，投資ヴィークル（ファンド本体）として利用するために設立する場合（例えば10年間）や，ある特定個人のために設立する場合（当該個人の終身）等，比較的特殊な事例に限られているように思われる。そのため，多くの合同会社は，予告による任意退社により社員が退社してしまう（その結果，持分の払戻しとして財産の一部が流出してしまう）リスクを常に抱えることになる。

(イ)　予告による任意退社と対応策

　上記(ア)の予告による任意退社（社員の債権者によるものを除く[10]。）は，定款に

10　債権者による退社については，たとえ存続期間が定められている場合であっても，定款において任意退社が制限されている場合であっても，影響を受けない（相澤・立案担当162頁）。債権者による退社の効力を失わせるためには，債務者である社員が弁済し，又は相当の担保を提供する必要がある（会社法609条 2 項）。債務者となった社員の退社により合同会社の事業継続に影響が生じることを防ぐため，合同会社が当該社員に代わって弁済等を行うこともあり得よう。なお，合同会社が「弁済をするについて正当な利益を有する者」（民法474条 2 項）であるかどうかも問題となりうるが，合同会社は脱退に伴って自己の財産を持分の払戻しとして交付する必要があることからすると，合同会社が当該社員のために弁済をする正当な利益を有しているといえる余地もあろう（この点につ

別段の定めを置くことができる（会社法606条2項）[11]。

　これについて，社員の退社を困難にする方向での定款の定めは許されないとする見解もあるものの，予告による任意退社は，社員を過酷に拘束することを制限する趣旨であるとすれば，予告による任意退社の趣旨を没却しない程度の制限は許されると考える余地は十分あろう[12]。実際，会社法の立案担当者においても「この定款の定めの内容については，特に制約はなく，かつ，当初からの社員や会社成立後に入社した社員は，いずれもその定めに同意して社員となっている者であるから，当該定めが公序良俗（民90条）に反しない限り，有効である」としている[13]。

　なお，この点について，例えば，定款において入社後一定期間は退社できないとする規定は有効であると考えられている[14]。その一方で，任意退社の趣旨に照らせば，こうした見解も，この「一定期間」を著しく長く設定したり，いかなる場合も任意退社を禁じる旨の定款の規定を置くことまで許容するものではないと思われる。

　他方で，合同会社の存続期間を定めた場合[15]には，ある社員の終身と定めた場合を除き，予告による任意退社は許されない（会社法606条1項）ことからすると，理論的には，合同会社の存続期間を著しく長く設定してしまえば，結果として，任意退社を著しく長い期間において防ぐことができることとなる。しかしながら，存続期間をある社員の終身として定めた場合に任意退社を許容し

いては潮見佳男『新債権総論Ⅱ』98-99頁（信山社，2017年）参照）。

11　なお，会社側が任意に，当該予告期間を経過する前や，事業年度終了時以外に予告による任意退社を認めることができるかどうかが問題となることがある（特にグループ内や親族内で設立される場合には，設立時にあえて特別な定めを定款に置くことも少なく，また会社法上の手続をすべて遵守する必要性が乏しいことも多い。）。しかし，グループ内や親族内であれば，全社員の同意を得られることも多いため，全社員の同意による法定退社（会社法607条1項2号）で足りることが多いと思われる。

12　以上について，会社法コンメ(14)219-220頁［小出篤］参照

13　相澤・論点解説588頁

14　相澤・立案担当162頁

15　なお，存続期間については，その満了の時期を客観的に特定できればよく，必ずしも暦日をもって定める必要はないが，客観的に判定できないようなものは許されないと解されている（会社法コンメ(15)150頁［出口正義］）。

ていることを踏まえると，およそ人の一生を大きく超えるような期間（例えば200年間）を存続期間として定めた場合には，個別事情によっては，会社法の規定にかかわらず，予告による任意退社が許容される可能性もあると考えられる[16]。

　いずれにしても，合同会社の社員が複数となることを想定している場合，設立段階よりどのような定款の規定を設けるべきか，十分な検討を行っておく必要がある。

コラム⑨　予告期間に満たない退社の意思表示

　協同組合の事案ではあるが，予告期間に満たない退社の意思表示がなされた事案において「右支部規約に定める予告期間は，組合債権者の利益保護とともに，事業年度の中途脱退により事業遂行に支障が生じることや持分算定などの脱退手続が繁雑になることを防ぐためのものと解されるので，右予告期間の不足する原告の本件脱退の意思表示を」協同組合支部が「有効として取り扱うことも許されるものといわなければならない」とした裁判例があり，合同会社においても参考になる（東京地判昭和57年2月23日判例時報1051号144頁）。すなわち，ある社員から予告期間に満たない任意退社の意思表示がなされた場合に，合同会社の側がこれを有効なものとして取り扱うこともできる可能性がある。

　ただし，こうした取扱いを認めるために必要となる手続の観点から，結局全社員の同意がない限り認められないとする見解もある[※]。

　やはり，社員が複数となる（なりうる）場合には，退社に関するルールについて，設立の目的に応じて定款で適切な定めを設けておくことが好ましい。

（※）　会社法コンメ(14)218-219頁［小出篤］

16　任意退社を認める理屈については，存続期間の定め自体を公序良俗違反（民法90条）として存続期間の定めがないものと扱う，任意退社を認めないとする合同会社の主張を権利濫用（民法1条3項）とする，会社法606条1項の解釈として任意退社を許容する等が考えられる。

　イ　やむを得ない事由による任意退社

　やむを得ない事由による任意退社は，文字どおり，社員にやむを得ない事由があるときにはいつでも退社できる，というものである（会社法606条3項）。この規定も，民法上の組合と類似するものである（民法678条1項・2項）。

　ここで「やむを得ない事由」とは，立案担当者によれば「社員が単に当初の意思を変更したというだけでは足りず，定款規定を定めた時や入社・設立時に前提としていた状況等が著しく変更され，もはや当初の合意どおりに社員を続けることができなくなった場合等」[17]とされる。そして，やむを得ない事由による任意退社については，これを制限するような定款の定めを置くことはできない（会社法606条2項は予告による任意退社についての例外規定を許容するものにすぎない。)[18]。

　したがって，そもそも合同会社という形式を選択する時点で，やむを得ない事由による任意退社が生じる（持分の払戻しによる会社財産の流出が生じる）リスクは受け入れざるを得ない。このリスクを緩和するために，社員間でやむを得ない事由による退社を制限する旨の契約（株式会社でいう株主間契約のような契約）を締結することも考えられるが，会社法が合同会社について定款自治を広く認めているにもかかわらず，やむを得ない事由による任意退社について定款による修正を認めていないことからすれば，そのような合意の有効性には疑問も残る。

　結局，上記「やむを得ない事由」の内容に照らせば，合同会社の設立時や社員の加入時において，どのような前提や目的で社員となるのかを明確にしておくのが望ましく，またそれが最も確実なリスク管理であるといえる（脱退したい社員としては，前提状況が変わったことを立証する必要があるところ，合同会社において設立時又は出資時における当該社員の出資の前提や目的等を記録しておくことで，合同会社は適切な防御を行うことができる。)[19]。なお，非公開会社である株式会社においては上記のようなリスクは存在しないが，その代わり，株主の

請求により，第三者への株式譲渡を承認するか，承認しない代わりに，会社自身又は会社が指定する第三者への譲渡を要求するか，という事態が生じうる（会社法136条，137条，140条）。この場合にも株式会社は当該株主の有している株式の時価に相当する財産の流出が生じることから，合同会社における任意退社と類似する事態が生じうることとなる。

(3)　法定退社

ア　法定退社の概要

　任意退社のほか，会社法に規定する一定の事由が生じた場合，当該社員は合同会社から自動的に退社する（以下「法定退社」という。）（会社法607条1項本文・各号）。法定退社事由として定められているのは**図表4－3**の事由である。なお，以下の⑤から⑦のうち一部又は全部については，定款において退社しない旨を定めることができる（会社法607条2項）[20, 21]。

19　ただし，合同会社のデフォルトルールは社員全員の同意を基本とするものであるため，こうした社員の脱退を認めないことにより，かえって合同会社の事業運営に影響を及ぼすこととなる場合もありうる。

20　なお，会社法607条2項では「定款で」定めることができる，とは定めていないが，立案担当者は「後見開始の審判を受けたこと等の場合には退社しない旨や，死亡の場合には相続人が持分を承継する旨等の定款の定めを設けることができることを明確化している（会社法607条）」（相澤・立案担当162頁）［傍点筆者］としており，定款において定めることが当然の前提となっている。

21　株式会社における取締役については，成年被後見人又は被保佐人であることが欠格事由から除外された（会社法331条1項2号）が，持分会社における社員の退社事由としては残存している（ただし，上記のとおり定款において別段の定めが可能である。）。

【図表4－3】　法定退社事由

①　定款で定めた事由の発生
②　総社員の同意
③　死　亡
④　合併（合併により社員が消滅する場合）
⑤　破産手続開始の決定
⑥　解散（合併，破産手続開始によるものを除く）
⑦　後見開始の審判を受けたこと
⑧　除　名

　なお，第3章Ⅳ6でも述べたように，持分会社は，死亡や合併によって持分が一般承継される旨を定款に定めることができる（会社法608条1項）。そうすると，定款に定めを置けば，そもそも法定退社が生じないようにも読める。しかしながら，法定退社事由から死亡（図表4－3③）及び合併（図表4－3④）を除外できないことや（会社法607条2項），会社法611条1項本文において退社した社員が持分の払戻しを受けられる旨を規定しつつ，その但書において一般承継が許容されている場合を除いていることからすると，持分が一般承継される旨を定款に定めた場合であっても，死亡又は合併により消滅した社員は，会社法上，法定退社したものとして扱われるものと考えられる[22]。

イ　除　名

　ところで，株式会社では少数株主から株主としての地位を失わせるために，株式併合（会社法180条）や株式等売渡請求（会社法179条）等が利用されるが，合同会社にはこうした手段は用意されていない。合同会社においてある社員を強制的に退社させるには，定款でそれを許容する旨を定めるか，除名によるかしかない。

　「除名」とは，本人の意思にかかわらず，会社において特定の社員の地位を

22　会社法コンメ⒂260頁［松元暢子］

奪う行為である[23]。除名は，**図表4－4**の事由が生じた場合に，社員の過半数の決議に基づき，訴えにより行うことができる（会社法859条）。

【図表4－4】　除名事由

① 出資の義務を履行しないこと
② 競業禁止に関する規定（594条）に違反したこと
③ 業務執行に当たり不正行為をし，又は業務執行権がないのに業務執行に関与したこと
④ 合同会社を代表するに当たって不正行為をし，又は代表権がないのに合同会社を代表して行為をしたこと
⑤ 上記①から④のほか，重要な義務を尽くさないこと

　上記のうち①については合同会社には関係しないため[24]，②から⑤に当たれば除名できることとなるが，そのハードルはかなり高いものである。さらに，除名は訴えによりなされるものであるため，裁判所の関与が必須であることから，手続的にも極めて重いものとなっている。したがって，将来的に少数社員を排除する可能性を想定するのであれば，図表4－3の①「定款で定めた事由」について，社員の一定数（過半数等）の決議により退社する旨を定めておく等の対応が必要である（会社法607条1項1号）。

　ただし，除名は訴えにより行うことができる関係で，法定退社事由の定め方によっては，実質的に除名制度の潜脱であるとして無効となるリスクがある。例えば，合資会社の事案であるが，除名に関する規定は強行法規であり，除名事由を限定している趣旨に反して定款で退社事由を追加したり，手続を軽減したりすることはできないとした上で，「退社事由が具体的に特定されていて，その発生が客観的に認識でき，当該退社事由の存否をめぐって社員間に紛争の生ずる余地のないような事由で，かつ，公序良俗に反しないもの」に限られる

23　会社法コンメ⑲658頁［伊藤雄司］
24　合同会社の場合，出資の履行があってはじめて社員となる（会社法578条，604条3項）。

としている[25]。また，①内容が明確であり，後日の紛争の生じるおそれが少ないものであり，かつ，②当該事由を理由として退社させられることが常に衡平に反しないような事由であって，裁判所の判断を要しない場合であれば許されるとする見解もある[26]。

　上記東京地裁判決は「社員は他の社員の過半数の決議により退社す。」とする規定を無効であると判示しており，実務上，どのような場合であれば除名制度を潜脱するものではないといえるのか，現時点においては必ずしも明確ではない。あくまで判例がない部分ではあるため，実務上，退社事由として社員の過半数等の規定を設けておくことは十分検討に値するが，これが無効とされるリスクがあることには留意が必要である。

コラム⑩　死亡・合併は法定退社か

　上記アのとおり，社員の死亡及び合併は，定款で一般承継を許容している場合であっても法定退社事由に該当することから，法定退社したものとして扱われるものと考えられる。

　しかしながら，実務上，死亡や合併は法定退社とは異なるものであることを前提とした定款の規定も散見される。例えば，定款において退社事由を定める場合，法定退社事由をそのまま記載する例が多いが，そこに死亡や合併による退社が定められていないような場合である。

　仮に定款上，死亡や合併を法定退社ではないとして整理したとしても，会社法上は法定退社として扱われることとなることに変わりはない。他方で，死亡や合併を法定退社として扱わないことによる効果は持分の払戻しを行わないことにすぎないが，法定退社であったとしても会社法611条1項但書により，退社に伴う持分の払戻しは排除されている。そうすると，結局，定款上で退社として整理していようがいまいが，持分を承継した相続人や合併存続会社の権利関係には特段の影響を与えることはないと考えられる。

25　東京地判平成9年10月13日金融・商事判例1041号46頁
26　会社法コンメ⑲674頁［伊藤雄司］

2　持分の払戻し

⑴　持分の払戻しの法務

ア　持分の払戻しの意義・効果

　退社する社員（以下「退社社員」という。）は，持分の払戻しを受けることができ（会社法611条1項），合同会社は，出資の種類を問わず金銭で払い戻すことができる（会社法611条3項）。

　持分の払戻しによる払戻額は，退社社員の出資額と，退社社員に帰属する損益額であり，株式会社における自己株式取得に近い行為とされる[27]。持分の払戻しによって，退社社員が保有していた持分に係る資本（出資）と，当該持分に帰属した損益の合計額が退社社員に対して交付されることとなる。これは，その保有する財産が組合員の合有とされる組合において，脱退組合員に対する持分の払戻しを行うのと同じ性質のものである（民法681条）。

　持分の払戻しにあたっては，まず財産目録及び貸借対照表が作成される[28]。そして，持分の払戻しに係る計算は退社の時を基準に行われ（会社法611条2項），上記財産目録及び貸借対照表に記載すべき会社財産の評価方法については，営業の存続を前提とする価額（営業価額）によるとするのが通説とされている[29]。判例においても，中小企業等協同組合の事案ではあるが，「一般に，協同組合の組合員が組合から脱退した場合における持分計算の基礎となる組合財産の価額の評価は，所論のように組合の損益計算の目的で作成されるいわゆる帳簿価額によるべきものではなく，協同組合としての事業の継続を前提とし，なるべく有利にこれを一括譲渡する場合の価額を標準とすべきものと解するのが相当である」[30]とされている点が参考になる[31]。

27　相澤・立案担当省令164-165頁
28　論点体系会社法⑷479頁［和田宗久］
29　会社法コンメ⒁263頁［松元暢子］
30　最判昭和44年12月11日民集23巻12号2447頁

　イ　持分の払戻しに伴う債権者保護手続

　持分の払戻しに際しては，一定の場合について債権者保護手続が必要となる。すなわち，㋐資本金の減少を伴う場合，㋑持分払戻額が剰余金額を超える場合，及び㋒持分払戻額が純資産額を超える場合である。

　㋐　資本金の減少を伴う場合

　まず第一に，持分の払戻しに際して資本金の減少を伴うときである（会社法626条1項，627条）。ただしこの場合，退社社員の出資金額を資本剰余金のみで賄いうる場合には，資本剰余金から払い戻すことで，債権者保護手続を回避することができる。

　この場合には，退社社員に帰属していた資本金の額は，退社社員以外の資本金として振り替えることとなる[32]。なお，この場合における債権者保護手続については，資本金の額の減少に関する第6章Ⅲ4を参照されたい。

　㋑　持分払戻額が剰余金額を超える場合

　次に，持分の払戻しにより交付する金銭等の帳簿価額（以下「持分払戻額」という。）が「剰余金額」を超えるときである（会社法635条1項）。

　この場面における「剰余金額」とは，資本剰余金の額と利益剰余金の額の合計額をいう（会社法626条4項，会社計算規則164条3号ホ）。資本金の額が減少しない場合であっても，持分払戻額が剰余金額を超えるときには，上記資本金の額を減少するときと同様の債権者保護手続が必要となるのである（会社法635条）。

　ところで，「剰余金額」は場面によって計算方法が異なっている（会社計算規則164条3号）。剰余金額の計算方法は，会社法626条4項，会社計算規則164条の文言からはわかりにくいものとなっているが，結局，会社計算規則164条

31　中小企業等協同組合は，組合員の相互扶助等を目的とする法人であり（中小企業等協同組合法4条1項，5条），必ずしも営利を目的とする法人である会社と同一に解すべきであるとは限らないが，少なくとも中小企業等協同組合において簿価ベースでの持分の払戻しが否定されている以上，持分会社（合同会社）においても同様であろう。

32　相澤・立案担当省令175頁

３号の規定に基づいて計算した額がそのまま剰余金額となる[33]。具体的な剰余金額の計算については，該当する各項目で触れているのでそちらを参照されたい。

(ウ)　持分払戻額が純資産額を超える場合

最後に，持分払戻額が「純資産額」を超える場合，より厳格な（清算に準じた）債権者保護手続が必要となる（会社法635条２項・３項）[34]。すなわち，債権者保護手続の期間は２か月とされており，さらに債権者に対する個別の催告を省略することができないとされているのである[35]。

ここで「純資産額」とは，資本金，資本剰余金，利益剰余金及び評価・換算差額等の合計額である。

このように厳格な債権者保護手続を要するものとされているのは，以下のような理由による。すなわち，持分の払戻しに際して作成される合同会社の貸借対照表等は，上記のとおり原則として時価（営業価額）によるとされており，将来収益を含むいわゆる「自己のれん」も算定基礎となっている。しかしながら，剰余金額や純資産額の計算にあっては，原則として取得簿価を前提に行われるものであることから，持分払戻額が純資産額を超える場合もありうることとなる。そして，持分払戻額が剰余金額を超える場合は，資本金を０円までの範囲内で減少した上で持分の払戻しを行うことと実質的に同じであるため，債権者保護手続を要するものとされているのである[36]。さらに簿価純資産額をも

---

[33]　このことは，会社計算規則164条３号の金額をＸと置いて計算すれば明らかである。資産の額をＡ，負債の額をＤ，資本金の額をＣと置くと，会社法626条４項によれば

　　　剰余金額＝Ａ－（Ｄ＋Ｃ＋（会社計算規則164条に定める額））　　－①

となる。そして，会社計算規則164条に定める額は

　　　会社計算規則164条に定める額＝Ａ－（Ｄ＋Ｃ＋Ｘ）　　　　　　－②

となり，②を①に代入すると

　　　剰余金額＝Ａ－（Ｄ＋Ｃ＋（Ａ－（Ｄ＋Ｃ＋Ｘ）））＝Ｘ

となるから，剰余金額はＸ，すなわち会社計算規則164条３号の金額であるとわかる。

[34]　論点体系会社法(4)529頁［菊田秀雄］

[35]　さらに，債権者を害するおそれがない場合における債務の弁済又は担保提供等についての免除規定が適用されない（会社法635条５項）。

[36]　相澤・立案担当165頁

超えて持分の払戻しが行われる場合，会社債権者にとっては，金銭等の時価評価が正当かどうかを判定する方法がなく，詐害的な払戻しがされる可能性があることから，清算に準じる債権者保護手続をとることを要するものとされているのである[37]。

ウ　設例における検討

以上を前提に，以下，簡単な設例で持分の払戻しの処理について確認する。

設例1

　簿価B/Sが以下のとおりである合同会社Xについて，その社員であるA（出資額は20）が退社する（なお，持分の払戻しに伴う源泉徴収については捨象している。）。

合同会社X　貸借対照表

資産の部　　合計100	負債の部　　合計30
	純資産の部
	資本金　　　　　30
	（A帰属分10）
	資本剰余金　　　20
	（A帰属分10）
	利益剰余金　　　20
	（A帰属分10）

　上記合同会社Xにおける剰余金額は40（＝資本剰余金20＋利益剰余金20），純資産額は70（＝資本金30＋資本剰余金20＋利益剰余金20）となる。

37　相澤・立案担当165頁，会社法コンメ(15)115頁［伊藤壽英］参照

> ＜ケース①＞
> Aに対する持分払戻額が30であるとき
> （持分払戻額≦剰余金額となるとき）

　この場合，剰余金額及び純資産額を基準とする債権者保護手続（上記イ(イ)及び(ウ)）は必要とされないことから，債権者保護手続の要否は，資本金の額を減少させるかどうか（上記イ(ア)）によって決する。

　Aの出資額20のうち10は資本金として計上されているため，これを持分の払戻しに伴って減少させる場合には，債権者保護手続が必要となる。ただし，各社員の出資につき計上している資本金と資本剰余金の具体的な内訳は，会社全体として資本金の額の総額を変更しない限り変更可能であるため[38]，Aの資本金10を資本剰余金に振り替えることで，債権者保護手続なく持分の払戻しが可能となる（なお，これに伴って必要となる意思決定については，第6章Ⅲ1参照）。

　したがって，持分の払戻しに伴い，資本金の額に変動はなく，資本剰余金の額を20減少させることができることとなる。

　また，持分払戻額が，①資本金及び資本剰余金から減額する額を超えるときは，当該金額を利益剰余金から控除し，②これを下回るときは，利益剰余金を増額する（会社計算規則32条1項2号・2項2号）。本件の場合は①となることから，10を利益剰余金から控除する。

---

[38]　相澤・立案担当省令175頁

> ＜ケース②＞
> Aに対する持分払戻額が50であるとき
> （剰余金額＜持分払戻額≦純資産額となるとき）

　この場合，剰余金額を超えた持分の払戻しとなることから，資本金の額を減少するときと同様の債権者保護手続が必要となる（上記イ(イ)）。

　なお，いずれにしても債権者保護手続が必要となることから，Aの出資に相当する資本金の額を減少させることでも，持分の払戻し前に必要となる手続に大きな違いは生じないようにも思われる。しかしながら，資本金の額に変動が生じると，変更登記が必要となる点には留意が必要となる（会社法914条5号，915条1項）。

　ところで，資本金の額の減少も伴う場合において，剰余金額を超える持分の払戻しを行う旨と資本金の額を減少させる旨の公告のうち，一方のみしか行わないときにおける会社法上の効力が問題となりうる。確かに，債権者保護手続を行っている以上は，持分の払戻しの効力を認めてもよいようにも思われる。しかしながら，あくまで公告の内容は資本金の減少と剰余金額を超える持分の払戻しとで異なるものであり，債権者にとっても考慮すべき事情が異なることになる以上，双方の公告がない場合は，資本金の減少を伴う持分の払戻しは無効であると考えるのが無難であろう。なお，資本金の減少に関する公告がない場合であっても，本件の場合，資本剰余金を減少させることで持分の払戻しを行いうるため，持分の払戻しについては効力を肯定する余地はあろう[39]。

　したがって，Aの出資相当額20を資本金若しくは資本剰余金又はその双方から，残額の30を利益剰余金から，それぞれ控除する（この場合の処理について下記(イ)参照）。

---

[39]　他方で，持分の払戻しについての公告を欠くことで持分の払戻しの効力が否定されるときは，資本金の減少を行う根拠を欠くことになるため，資本金の減少についても無効といわざるを得ない（会社法626条1項）。

＜ケース③＞
Aに対する持分払戻額が80であるとき
（純資産額＜持分払戻額となるとき）

(ア)　債権者保護手続の要否と基本的な会計処理

この場合，持分払戻額が純資産額を超えることから，清算に準じた債権者保護手続が必要となる（上記イ(ウ)）。なお，資本金及び資本剰余金の減少額については，上記ケース②と同様である。

したがって，Aの出資相当額20を資本金若しくは資本剰余金又はその双方から，残額の60を利益剰余金から，それぞれ控除する。

(イ)　退社社員の簿価損益と時価損益の相違

ところで，持分の払戻しの際に，退社社員に帰属する簿価損益と，実際の持分払戻額のうち退社社員に帰属すべき時価損益の額とにズレがある場合の処理には留意が必要となる。

(ア)　退社社員に帰属する簿価利益がある場合

まず，持分払戻額の計算において，退社社員に帰属する簿価利益がある場合において，時価利益が簿価利益を上回る場合には，退社社員に帰属していた利益剰余金を超える部分の金額は，残った社員に損失として分配されることとなる。その反対に，時価利益が簿価利益を下回るときには，退社社員に帰属していた利益剰余金に満たない部分の金額は，利益として分配されることとなろう[40]。

この場合，下記(2)のとおり退社社員においてはみなし配当が生じるが，持分払戻額が時価に基づいて計算されている限り，利益剰余金の付け替えは，計算上のものにすぎず，税務上，社員間での利益移転等を認識する必要はないと考えられる。

---

[40]　相澤・立案担当省令175頁

⑦ 退社社員に帰属する簿価損失がある場合

これに対して，退社社員に帰属する簿価損失がある場合には，退社社員に帰属する損失を，資本金及び資本剰余金に係る払戻金額から控除しなければならない。

この場合に，資本金及び資本剰余金からの払戻額より退社社員に帰属する損失が小さいとき（持分払戻額が0円より大きいとき）は，合同会社にとっては，払戻義務を一部免れていることになるから，当該損失相当額だけ利益剰余金を増加させることとなる[41]。他方で，資本金及び資本剰余金からの払戻額よりも退社社員に帰属する損失が大きいとき（持分払戻額が0円であるとき）は，資本金及び資本剰余金から控除しきれない金額を他の社員の損失として帰属させることとなる[42]。

なお，㋐の場合には，残存社員に帰属する利益に何ら影響を及ぼすものではなく，また㋑の場合，退社社員は有限責任であることを踏まえると，退社社員は具体的な債務免除等の利益を得ているものではない。他方，残存社員については自己に帰属する損益が拡大しているのみであるから，基本的に税務上の問題は生じないものと考えられる。

エ　債権者保護手続違反の効果

㋐　持分の払戻しと退社の効果

債権者保護手続に違反した違法な持分の払戻しは，退社社員との関係では無効となると考えられるが，退社自体は有効であると考えられている[43]。

㋑　社員の責任

また，合同会社において，上記剰余金額及び純資産額を基準とする債権者保護手続に違反して持分の払戻しを行ったときは，持分の払戻しに関する業務を

41　増加した利益剰余金は，あくまで退社社員が払戻しを放棄したものにすぎないため，他の社員に分配される損益に影響を与えないとされている（相澤・立案担当省令175頁）。

42　前掲（注41）に対して，この場合には残った社員に当該損失の額を帰属させるものとされる（相澤・立案担当省令175頁）。

43　会社法コンメ⒂117頁［伊藤壽英］

執行した社員は，持分の払戻しを受けた社員と連帯して，持分払戻額を合同会社に支払う義務を負う（会社法636条１項本文）。ただし，その業務執行社員が注意を怠らなかったことを証明したときは，その業務執行社員はこの義務を免れる（同項但書）。

　退社社員とその業務執行社員の上記義務は原則として免除することができないが，総社員の同意があるときは，「剰余金額」を限度としてこれを免除できる（同条２項）。ここでいう「剰余金額」は，上記イ(イ)同様，資本剰余金の額と利益剰余金の額の合計額をいう（会社計算規則164条３号ホ）。

オ　除名と持分の払戻し

　退社社員が除名により退社する場合であっても，退社する社員は持分の払戻しを受ける権利を有する（会社法611条５項・６項参照）。

　しかしながら，上記Ⅱ１(3)イで見たとおり，除名の要件は厳しいものとなっており，裏を返せば，定款において，除名事由に該当するような社員に対して，持分の払戻しを受ける権利も与えないとすることも考えられよう。このような定款の規定については，合名会社の事案ではあるが，裁判例[44]においても有効であるとされている。

(2)　持分の払戻しの税務

ア　合同会社における取扱い

　持分の払戻しは，自己株式の取得と同様，みなし配当となる（所得税法25条１項６号，法人税法24条１項６号）。

　まず，合同会社において減少すべき資本金等の額は，以下のように計算される（法人税法施行令８条１項20号イ）。

---

[44]　東京高判昭和40年９月28日下民16巻９号1465頁は，「合名会社の社員が除名によつて退社したときは持分の払戻請求権を失う旨の定款の規定は合名会社が内部関係において定款をもつて規律し得る事項に属するものと解するのが相当である。本件において除名によつて退社した場合というように特定個別的に持分の払戻請求権を失う旨の定款の規定が営利社団の本質に反する無効のものとは解されないというべきである。」と判示している。

$$取得資本金額 = \frac{払戻し直前の資本金等の額}{払戻し直前の出資総額} \times 払戻しに係る出資額$$

　持分の払戻しを行った合同会社は，まず取得資本金額だけ資本金等の額を減額する。なお，持分の払戻し直前の資本金等の額が０以下であるときは，取得資本金額は０となり，取得資本金額が，持分の払戻しに伴って交付した資産の価額（以下「持分払戻価額」という。）を超えるときは，当該超える部分の金額を取得資本金額から減算する（あくまで資本金等の額を減ずるのは，持分払戻価額が限度となる。）。

　また，持分払戻価額が取得資本金額を上回る場合，利益積立金額の減少額は以下のとおりとなる（法人税法施行令９条１項14号）。

$$利益積立金額の減少額 = 持分払戻価額 - 取得資本金額$$

　なお，合同会社の持分は口数等ではなく出資金額を単位として表現され，出資額がそのまま合同会社の資本金等の額となる（法人税法施行令８条１項１号）。そして，その後，出資額と資本金等の額に差が生じることは実務上稀であるため，結局，取得資本金額は退社する社員の出資額と一致することが多い[45]。この点は，株式のように１株当たりの価値が変化することにより，１株当たりの払込金額が変動する株式会社とは異なる点である。

　　イ　退社社員の取扱い

　続いて，退社社員のみなし配当の額は，持分払戻価額から出資に対応する部分の金額を控除した金額となる（所得税法施行令61条２項６号イ，法人税法施行令23条１項６号イ）。この場合，出資に対応する部分の金額は，取得資本金額の計算方法とほぼ同一である。

---

[45]　組織再編等が行われている場合には特に注意を要する（法人税法施行令８条１項５号〜10号）。基本的な資本金等の額の計算方法は株式会社と同様である。

$$みなし配当の額 = 持分払戻価額 - 出資に対応する部分の金額$$

$$出資に対応する部分の金額 = \frac{払戻し直前の資本金等の額}{払戻し直前の出資総額} \times 払戻しに係る出資額$$

　なお，持分の払戻し直前の資本金等の額が0以下であるときは，出資に対応する部分の金額は0となる。そのため，持分払戻価額の全額がみなし配当の額となる。

　次に，持分払戻価額のうちみなし配当とならない部分は，持分の譲渡対価として，譲渡損益を生じさせる（租税特別措置法37条の10第3項本文括弧書・6号，法人税法61条の2第1項1号本文・括弧書）。

$$\left.\begin{array}{l}持分に係る譲渡所得等に係る収入金額（所得税）\\持分の譲渡により通常得べき対価の額（法人税）\end{array}\right\} = 持分払戻価額 - みなし配当の額$$

ウ　設例による検討

設例1と同じ事例をもとに，簡単に上記を確認する。

設例2

　簿価B/Sが以下のとおりである合同会社Xについて，その社員（自然人）であるA（出資額は20）が退社する。このときの持分払戻価額は30である。この場合のAに生じる譲渡損益及びみなし配当を計算する。なお，合同会社Xの出資総額は50であり，資本金等の額は資本金及び資本剰余金の合計額と一致している。また，Aは合同会社Xの持分を，旧社員であるBから15で取得している。

合同会社X　貸借対照表

資産の部　　合計100	負債の部　　　合計30
	純資産の部
	資本金　　　　　30
	（A帰属分10）
	資本剰余金　　　20
	（A帰属分10）
	利益剰余金　　　20
	（A帰属分10）

　まず，税務処理の前提となる各数値について確認する。

$$取得資本金額 = \frac{50（資本金＋資本剰余金）}{50（出資総額）} \times 20（A出資額）= 20$$

$$利益積立金額の減少額 = 30（持分払戻価額）- 20（取得資本金額）= 10$$

$$出資に対応する部分の金額 = \frac{50（資本金＋資本剰余金）}{50（出資総額）} \times 20（A出資額）= 20$$

$$みなし配当の額 = 30（持分払戻価額）- 20（出資に対応する部分の金額）= 10$$

$$譲渡所得等に係る収入金額 = 30（持分払戻価額）- 10（みなし配当の額）= 20$$

　以上から，まず合同会社Xにおいては，資本金等の額を20，利益積立金額を10，それぞれ減少させる。また，退社社員Aについては，みなし配当が10，譲渡所得が5（＝20－15）生じることとなり，合同会社Xはみなし配当の額に対して20.42％の源泉徴収義務を負う（所得税法182条，復興財確法28条）。

Ⅲ　出資の払戻し

1　出資の払戻しの意義と効果

　出資の払戻しとは，社員がすでに出資として払込み又は給付をした財産の全部又は一部を会社が払い戻す行為である[46]。出資の払戻しは，社員がその地位を維持したまま会社財産の払戻しを受けることができる点（退社を伴わない点）及び払戻しの対象が社員がした出資に限られている点で，持分の払戻しとは異なる。本章は社員の加入・退社に関するものであるが，持分の払戻しと類似するため，出資の払戻しについてもあわせてここで検討する。

　合同会社の社員は，当該社員の出資価額を減少する定款変更を経ることで，すでに出資として払い込んだ金銭等の払戻しを請求することができる（会社法624条1項，632条1項）。合同会社においては，定款に定めた出資の全額を履行させることにより，定款に記載された出資価額と実際に履行された出資額を一致させるように制度設計されていることから，合同会社においては出資の払戻しにあたって定款変更が求められるものであるが[47]，定款変更にあたっては原則として総社員の同意（会社法637条）が必要となる。

　なお，利益の配当と同様，出資の払戻しにあたっての手続や払い戻される財産の内容について，定款で定めることができると考えられる[48]。

2　出資の払戻しにおける留意点

(1)　利益剰余金からの払戻しの禁止

　出資の払戻しにおける最も重要な留意点は，出資の払戻しを利益剰余金からは行うことができない点である（会社計算規則32条2項但書）。これは，会社に

---

[46]　会社法コンメ(15)80頁［伊藤靖史］

[47]　会社法コンメ(15)108頁［松尾健一］

[48]　会社法コンメ(15)83頁［伊藤靖史］

おいて生じた損益として計上された部分はもちろん，損失の処理として資本剰余金を利益剰余金に振り替えた部分についても，出資の払戻しの対象とはならないことを意味する[49]。

⑵　出資の払戻しの限度額

また，出資の払戻しにより社員に対して交付する金銭等の帳簿価額（以下「出資払戻額」という。）が，出資の払戻しを請求した日における①定款変更による出資価額の減少額又は「剰余金額」のいずれか少ない金額を超えるときは，出資の払戻しをすることができない（会社法632条2項）。

ここでの「剰余金額」は，持分の払戻しとは異なり，以下のいずれか少ない額をいう（会社計算規則164条3号ハ）。

① 　出資の払戻しの日における利益剰余金と資本剰余金の合計額

② 　当該社員の出資につき資本剰余金に計上されている額

出資の払戻しに際して現物出資された財産をそのまま払い戻す場合，当該財産の帳簿価額を前提に計算が行われる点に留意を要する。したがって，現物出資された財産について減価償却等が行われている場合や含み益がある場合には，適切な会計上の処理が必要となる[50]。

なお，限度額を超過して出資の払戻しが行われたときは，出資払戻額について，違法な持分の払戻しと同様，業務執行社員と払戻しを受けた社員は，連帯して，これを合同会社に支払う義務を負うこととなる。業務執行社員について注意を怠らなかったことを証明した場合にはこの義務を免れる点，及び「剰余金額」を限度としてこの義務を免除することができる点も持分の払戻しと同様

49　相澤・立案担当省令168頁

50　詳細は会社法コンメ⒂82頁［伊藤靖史］参照。減価償却等がされた場合には，現物出資された財産を払い戻すと，当該財産の払戻時の帳簿価額しか資本金又は資本剰余金が減少しないこととなる。そのため，減額しきれなかった資本金及び資本剰余金については，利益剰余金に振り替えるか，そのまま払戻しを受けた社員の資本金又は資本剰余金として計上し続けるか，となる。また，現物出資された財産に含み益がある場合，払戻時において出資時における帳簿価額に基づいて資本金又は資本剰余金を減額し，その余の金額は，利益の配当を請求し，それに基づいて利益剰余金を減少させることになるとされている。

である（会社法633条1項・2項）。なお，ここでの「剰余金額」は，出資の払戻しをした日における利益剰余金及び資本剰余金の合計額（上記①）をいう（会社計算規則164条3号ニ・ハ(1)）。

3　事例による検討

出資の払戻しについても，設例1と同様の事例で払戻しの限度額を確認する。

設例3

簿価B/Sが以下のとおりである合同会社Xについて，その社員であるA（出資額は20）がその出資額のうち15について，出資の払戻しを請求した（なお，出資の払戻しに伴う源泉徴収については捨象している。）。

合同会社X　貸借対照表

資産の部　　合計100	負債の部　　合計30
	純資産の部
	資本金　　　　30
	（A帰属分10）
	資本剰余金　　20
	（A帰属分10）
	利益剰余金　　20
	（A帰属分10）

まず定款変更が必要となるが，これはAの出資額を15だけ減少させる旨の定款変更がされたものとする。その上で，①合同会社Xの利益剰余金と資本剰余金の合計額は40である。そして，②Aに係る資本剰余金は10である。

以上からすると，Aに対する出資の払戻しの限度額は①40と②10の小さいほうである10となり，Aからの請求を拒否することができる（会社法632条2項後段，624条1項前段）。

ただし，第6章Ⅲ1のとおり，資本金と資本剰余金の具体的な内訳は変更可能であるから，Aに帰属する資本金及び資本剰余金の内訳を振り替えることで，

15の払戻しが可能となる。

　さらに，出資の払戻しに伴う資本金の額の減少も許容されていることから（会社法626条1項），資本金の額を減少させることで，限度額を増加させることもできる。ただし，この場合において減少できる資本金の額は，出資払戻額から，出資の払戻しをする日における出資の払戻しを受ける社員に係る資本剰余金の額を控除した額を限度とする（会社法626条2項，会社計算規則164条3号イ）[51]。したがって，本件では5（＝出資払戻額15－資本剰余金10）を限度として，資本金を減少させることができる[52]。なお，当然ながら債権者保護手続を経る必要がある（会社法627条）。

4　出資の払戻しにおける税務

　持分の払戻しにおける税務上の取扱いは，出資の払戻しについても基本的に妥当する。そのため，出資の払戻しに際してはみなし配当及び譲渡損益が生じることとなるが，現金が払い戻される限りにおいては，出資の額を限度に払い戻される以上，みなし配当は原則として生じないと考えられる。

　他方，現物資産をもって払い戻す場合において，当該資産に含み損益があるときには，払戻しを行う合同会社において譲渡損益が生じることとなるほか，当該資産に含み益があるときには，払戻しを受ける社員において，当該含み益部分についてみなし配当となると考えられる[53]。なお，当然ながら持分の譲渡損益が生じる可能性はあるため留意が必要である。

51　会社法626条2項は「剰余金額」とされているところ，この場面における「剰余金額」は，会社計算規則164条3号イにおいて当該社員の出資につき資本剰余金に計上されている額とされている。

52　このことは反対に，出資の払戻しを受ける社員に係る資本剰余金が不足する場合に限って，資本金の額を減少できることを意味している。本件で，もしAに係る資本剰余金が20であれば，資本金の額は減少できないことになる。

53　ただし，前掲（注50）のとおり，含み益部分については利益の配当を請求すべきとされていることからすると，みなし配当ではなく単なる配当として扱うべきとも考えられるが，結論において相違を生じさせるものではないと考えられる。

業務執行・機関

　株式会社においては,「所有と経営の分離」を前提に,株主総会において取締役を選任し,取締役が会社の経営業務を行うこととなる。また,株主総会,取締役会等の意思決定機関や,監査役や会計監査人等の監査機関も法定されている。

　これに対して,合同会社においては,「所有と経営の一致」を前提に,社員（の一部）が直接,会社の業務執行を行うこととされており,意思決定や監査に関する機関の定めは置かれていない。

　本章では,合同会社のこうした業務執行及び機関に関する特徴を見ていくが,前提として,業務執行権限と機関に関する株式会社と合同会社との対比を冒頭にまとめておく（**図表5－1**参照）。

【図表5－1】 株式会社と合同会社の業務執行権限

株式会社（取締役会非設置）
・取締役が業務執行を行う（348条1項）
・株主総会は株式会社に関する一切の事項について決議できる（295条1項）
・株主総会における各株主の議決権は,原則としてその保有する株式数に依存する
株式会社（取締役会設置）
・取締役会が業務執行の決定を行い,原則として代表取締役が業務を執行する（362条2項1号,363条1項）
・株主総会は法令又は定款で定められた権限のみ有する（295条2項）
・株主総会における各株主の議決権は,原則としてその保有する株式数に依存する
合同会社
・各社員が業務執行を行うが,業務執行社員を定款で定めたときは,当該業務執行社員が業務執行を行う（590条,591条）
・会議体としての業務執行機関に関する定めはなく,設置は任意
・社員・業務執行社員の多数決は,原則として,各社員の出資比率にかかわらず頭数による

Ⅰ　業務執行

1　合同会社における業務執行

⑴　「業務執行」の内容

　合同会社における業務執行に関するルールを検討するに先立って，そもそも「業務執行」とは何を指すのか，という点について確認する。この点については合同会社固有のものではないが，合同会社に限らず，会社運営において，業務執行の具体的な意味内容について意識されることは少なく，しかしながら，その意味内容の認識なくして，業務執行に関するルールを適切に理解することは難しいためである。

　「業務執行」とは，会社の経営その他の事務処理を意味し，会社がその事業を行うために必要な意思決定と，その執行行為に分けられる。ここで「執行行為」には，契約締結等の法律行為と従業員の管理等の事実行為が含まれる[1]。ただし，判例・学説上においても，また実務上においても，事業のために必要な意思決定とその執行行為とを常に厳密に使い分けているものではないため[2]，原則として本書では両者を合わせて単に「業務執行」と呼び，特に両者を区別する必要があるときには，意思決定について「業務の決定」，執行行為について「業務の執行」として区別することとする。

　業務執行は，さらに，その効力が会社外に及ぶ対外的な業務執行と，会社内

1　会社法コンメ⑻ 6 頁［落合誠一］，会社法コンメ⑭134頁［宍戸善一］。なお，定款変更，営業譲渡，解散，合併等の会社の根本的変更に関する行為のうちいずれが執行行為に含まれると解するべきかについては，学説上議論があるが（会社法コンメ⑭134頁［宍戸善一］，論点体系会社法⑷416-417頁［椿川泰史］，新版注釈会社法⑴223頁［米沢明]），少なくとも実務上は，この点に関する整理について詳細に把握しておく必要性は必ずしもないように思われる（むしろ，それぞれの行為のために必要となる意思決定（社員の多数決か，総社員の同意か等）について正確に把握するほうが重要である。）。
2　江頭・株式会社法391頁，田中・会社法213-214頁

部で完結する対内的な業務執行があるが[3]，前者については特に会社の代表権に関連する部分であるから，下記6で触れる。

(2) 社員による業務執行

ア デフォルトルールと別段の定め

合同会社における業務の決定のデフォルトルールは，合同会社の社員がこれを行い，社員が複数人いる場合には，社員の過半数（持分比率ではなく頭数である[4]。）をもって行う，というものであり，組合におけるデフォルトルールと同様である（会社法590条1項・2項，民法670条1項）。そして，業務の執行は，各社員が単独で行うことができるとされている[5]。すなわち，合同会社の社員は，原則として全員が業務執行社員であり，社員全員が取締役会非設置の株式会社における株主兼取締役に類似する地位にあることとなる。これは所有と経営の一致の表れである。

ただし，これらについては定款で別段の定めを置くことが可能である。例えば，業務執行全般について，特定の社員に委ねたり社員全員一致の決定によるべき旨を定めたりすることができるし，一定の業務のみ，特定の社員に業務執行させたり社員の全員一致によらしめたりすることもできる[6]。特に業務執行に関して特段の定めを置く場合には，合同会社の目的や個々の社員の能力に応じてその内容を定めることとなろう。

なお，会社の「常務」については，各社員が単独で行うことができる（会社法590条3項）。「常務」の範囲については必ずしも統一的な定義は見られないところであるが，旧商法271条における取締役職務代行者に関するものではあるものの，最判昭和50年6月27日民集29巻6号879頁における「会社の常務とは，当該会社として日常行われるべき通常の業務をいう」との判示が参考にな

3　田中・会社法214頁
4　会社法コンメ⑭134頁［宍戸善一］
5　新版注釈会社法⑴229頁［米沢明］，会社法コンメ⑭135頁［宍戸善一］
6　会社法コンメ⑭134頁［宍戸善一］，森本滋編『合同会社の法と実務』152頁（商事法務，2019年），論点体系会社法⑷418-419頁［橡川泰史］

る。こうした判例からすると，合同会社が日々行う仕入や備品の購入といった日常的な行為が含まれることとなろう。

イ　業務の決定における機関決定と議事録類

取締役会設置会社である株式会社においては，取締役会による業務の決定について招集，議事進行，決議等の具体的な手続規定を置いているが，合同会社においては，取締役会非設置会社である株式会社と同様，業務の決定のために機関を設置する必要もなく，また，具体的に執るべき手続についても定められていない。

そのため，合同会社においては業務の決定に際して議事録が作成されることもないが，実務上，重要な業務の決定に際しては，社員決定書や総社員同意書といった書類が作成されることが多い。こうした書類の様式について特に決まりもなく，そもそもその作成も会社法上の義務ではないが，業務執行の記録の観点から（特に将来，ある業務執行についてその業務の決定が法的に争われた場合のため），こうした書類を残しておくことの重要性は実務上極めて高い。なお，登記を要する場合は，こうした書類が添付書面となるのが一般的であるため，事実上，作成が必須となる。

⑶　業務執行社員に関する定款の定め

合同会社は，その定款において業務執行社員を定めることができる（会社法591条1項）。この定めがある場合，合同会社の業務執行は業務執行社員のみが行うこととなり，業務執行社員でない社員は業務執行（常務を含む。）を行わない（同項）。これは，合同会社の経営に関与しない社員の存在を認める点において，所有と経営の一致を一部変更するものである。

定款において業務執行社員を定めるときは，定款上，いずれの社員が業務執行社員となるかについて定めを置くこととなる。例えば，「当会社の業務執行社員は，社員Aとする」といったものである。これに関して，業務執行社員は社員の多数決によって定める，といった規定を置くことも可能であるとされ

る[7]。こうした規定は，株式会社における取締役の選任と類似するものであり（会社法329条1項），実務上のニーズも高いものであろう[8]。

(4) 適法な業務の決定が行われずに業務の執行が行われた場合

　会社法又は定款で定められた業務の決定方法に違反して業務の執行が行われた場合，その業務執行行為の対外的効力が問題となる。例えば，定款で業務の決定は業務執行社員の全員一致で行うものと定めているにもかかわらず，ある業務執行社員がそのような手続を経ずに，他の会社と契約を締結してしまったような場合である。

　このような場合については，基本的に取締役会設置株式会社における代表取締役の行為に対する取扱いと同様，原則として業務の執行は有効であると考えられる[9]。すなわち，代表取締役の行為に関して，判例は「代表取締役は，株式会社の業務に関し一切の裁判上または裁判外の行為をする権限を有する点にかんがみれば，代表取締役が，取締役会の決議を経てすることを要する対外的な個々的取引行為を，右決議を経ないでした場合でも，右取引行為は，内部的意思決定を欠くに止まるから，原則として有効であつて，ただ，相手方が右決議を経ていないことを知りまたは知り得べかりしときに限つて，無効である，と解するのが相当である。」[10]と判示している。

　そうすると，合同会社における業務執行社員も業務の執行権限があることか

7　松井・ハンドブック629頁，登記研究編集室編『商業登記書式精義下巻［全訂第6版］』874頁（テイハン，2019年）参照。これを前提とすれば，登記実務においても同様の解釈に基づいていると思われ，定款の規定に基づいて業務執行社員を選任したときには，選任権を有する社員の一致を証する書面が添付書面となるとされている（松井・ハンドブック694頁）。

8　なお，代表社員に関する定款上の定めについて，会社法は「定款又は定款の定めに基づく社員の互選によって」代表社員を定めることができる（会社法599条3項）としているのに対して，業務執行社員については「業務を執行する社員を定款で定めた場合」（会社法591条1項）としているのみであることから，業務執行社員を定める方法を定款で規定したとしても，それは定款変更の要件に関する例外規定にすぎず（会社法637条参照），別途定款において業務執行社員となる社員が定められていない限り，選任された社員が定款で定めた業務執行社員として扱われるべきではないとの解釈もありうるところではある。

9　論点体系会社法(4)419頁［橡川泰史］

10　最判昭和40年9月22日民集19巻6号1656頁

らすれば，適法な業務の決定がなくとも「内部的意思決定を欠くに止まるから」，原則として業務の執行は有効であると考えるべきであろう[11]。

(5)　業務執行社員の資格

ア　業務執行社員の資格

　株式会社の場合，自然人であれば原則として株主以外の者も取締役となることができ（会社法331条1項），取締役の資格に関する会社法上の制約としては，同項各号に規定する欠格事由のほかは，上場会社等の公開会社について，取締役が株主でなければならない旨の定款を定めることができないとされている程度である（会社法331条2項）。したがって，取締役として株主から選任することはもちろん，株主ではない者から選任することも当然に可能である（未成年者及び成年被後見人等の選任については下記コラム⑪を参照）。なお，定款において上記法定の制限以外の制限を設けることも，各株式会社の具体的事情に応じて不合理な内容でない限り許容されるものとされている[12]。

　他方，合同会社の場合，会社法590条1項は，「定款に別段の定めがある場合を除き」社員が業務を執行する旨を規定する。そうすると，定款に定めさえすれば，合同会社の場合も，株式会社の場合と同様，社員以外の者に業務を執行させることができるようにも読める。

　しかしながら，業務執行社員に関する規定である会社法591条1項は「業務を執行する社員を定款で定めた場合」としていること，登記の対象となるのも業務執行社員に限られていること（会社法914条6号）等の会社法の建付けからすると，合同会社の業務を執行する者は，合同会社の社員に限られていると考えるのが自然であろう。ただし，このような規定は立法論上の疑問も呈されており，また定款自治の問題として社員以外の者の業務執行も可能であるとする

11　訴訟行為に関するものであるが，合資会社について同様の判断をしたものとして，東京高判平成7年6月29日金融・商事判例984号32頁がある。
12　会社法コンメ(7)447頁［榊素寛］

見解もある[13]。

　したがって，少なくとも実務上は，合同会社の業務を執行するには合同会社の社員とならなければならないと考えるのが無難である（仮に社員以外の者に業務を執行させるとしても，上述のとおり，これを登記して公示する術はない。）。

イ　実務上の対応策

　社員でない者に業務を執行させたい場合には，例えば①当該者にノミナルな金額（例えば1円）を出資させることで，合同会社の社員としての地位を持たせることや[14]，②社員は法人としておき，法人において当該者（自然人に限られる。）をその職務執行者として選任することも考えられる。

　ただし，上記①の方法に関して，会社法においては，すでに見てきたように，持分の譲渡や定款の変更等，社員全員の同意を要する行為が定められていたり，業務の決定や利益相反取引の承認（後述）等について社員の出資割合ではなく頭数による過半数が求められていたりしている。そのため，場合によっては，合同会社における重要な意思決定に際して，ノミナルな出資を行ったにすぎない社員にも大きな権利が与えられることとなりかねない点には留意を要する。例えば，定款の変更について定款に別段の定めがないため総社員の同意が必要となる場合において（会社法637条参照），業務執行社員となるためにノミナルな出資をした社員が反対すれば，他の社員が全員これに同意していたとしても，定款変更ができないこととなる。

　したがって，ノミナル出資を行う社員にこのような権利を与えるべきでない場合には，出資割合に基づく多数決等を原則としたり，業務執行以外の意思決定については関与できないようにしたりする等の定款変更を行っておく必要がある。

13　会社法コンメ⒁137頁［宍戸善一］，論点体系会社法⑷421頁［橡川泰史］
14　この方法は論点体系会社法⑷421頁［橡川泰史］でも言及されている。

コラム⑪　未成年者・成年被後見人等の業務執行社員への就任

実務上，未成年者，成年被後見人，被保佐人等を取締役や業務執行社員として選任するニーズは多い（特に資産管理会社において見られる。）。

株式会社に関しては，未成年者について，未成年者が職業を営むには親権者等の許可が必要とされていること（民法823条1項，857条），未成年者が親権者等の許可を得れば営業に関する行為能力を有すること（民法6条1項），許可があれば持分会社の無限責任社員となることができること（会社法584条）から，取締役への就任についても，およそ意思能力が認められる程度の年齢であれば，親権者等の同意により，未成年者が取締役となることができ，それ以後の取締役としての行為については親権者等の同意は不要であるとされている[1]。また，成年被後見人及び被保佐人についても，取締役の欠格事由から除外され（会社法331条1項2号），成年被後見人又は被保佐人が取締役に就任するに際しての規定が整備された（会社法331条の2）。

合同会社においても取締役と同様，未成年者については親権者等の同意があれば業務執行社員になることができ，業務執行社員としての個々の業務執行に関しては親権者等の同意は不要となると考えられる[2]。また，成年被後見人については，依然として後見開始は法定退社事由であるものの（会社法607条1項7号），成年被後見人が社員となること（社員となる時点から成年被後見人であること）は禁じられていないし，被保佐人や被補助人についても当然に社員となることができる[3]。

ただし，未成年者に関しては，代表取締役の就任登記を行うには印鑑証明書の添付が必要となり（商業登記規則61条6項本文），また代表社員として印鑑届書を届け出る場合にもやはり印鑑証明書の添付が必要となる（同9条5項1号）ところ，各市区町村における条例においては，印鑑登録は15歳以上でなければできないとされていることが一般的であるため[4]，このような場合には，15歳以上でなければ，実務上代表権を有することは難しいこととなろう[5]。

一方で，登記申請をオンラインで行う場合に伴って印鑑届書の提出もオンラインで行うときには，印鑑届書に対する電子署名が求められるところ（同101条1項2号，106条1項，33条の4），マイナンバーカードによる署名用電子証明書が発行されていれば，印鑑届書の提出を行うことができることになる（この取扱いに関しては市区町村によって異なるが，原則として署名用電子証明書は発行できないとしつつ，一定の場合（例えば親権者等が同行して本人が申請する場合）には，署名用電子証明書を発行している自治体もあるようである[6]。）。

また，成年被後見人や被保佐人等の制限行為能力者が業務執行社員となる場合，業務執行の効力に関しては十分な検討が必要となる。制限行為能力者が合同会社を代表する場合には，民法102条により取消権の対象にはならないと考えられ，対内的な業務執行に関しては，制限行為能力者である前提で業務執行社員に選任していることから，こちらも取消権の対象にはならないものと思われる（会社法331条の2第4項参照）。

(※1)　会社法コンメ(7)444頁［榊素寛］

(※2)　森本滋編『合同会社の法と実務』105頁（商事法務，2019年）も同旨。

(※3)　会社法コンメ(14)235頁［小出篤］

(※4)　この理由について，例えば大阪市印鑑登録事務取扱要領（https://www.city.osaka.lg.jp/shimin/page/0000201656.html）では，「意思能力の有無を判断する上で，一般的かつ妥当として考えられる年齢」として，15歳未満の未成年者を印鑑登録対象者から除外したと説明されている。

(※5)　近時，15歳未満での取締役会非設置会社における取締役に就任する登記が認められた事例もあるようであり，この点については実務上，注視が必要である。

(※6)　例えば，練馬区（https://www.city.nerima.tokyo.jp/kurashi/koseki/oshirase/koushin.html），仙台市（https://faq.callcenter.city.sendai.jp/app/answers/detail/a_id/449），横浜市（https://www.city.yokohama.lg.jp/kurashi/koseki-zei-hoken/todokede/koseki-juminhyo/mynumber/denshi-koushin.html）などがある。

2　業務執行社員の責任

業務執行社員は，その職務を行うに際して善管注意義務を負うとともに，法令及び定款を遵守し，合同会社のために忠実に職務を行う義務（忠実義務）を負う（会社法593条1項・2項）。これらの義務は，定款の定めによっても排除できない強行規定であるとされている（会社法593条5項参照）が，これは立案担当者によれば，仮に業務執行社員が善管注意義務を負わないと定めたとしても，その意味は結局，業務執行社員が損害賠償責任を負わないという効果を持たず，損害賠償責任の追及の問題として解決すれば足りる問題であるため，としている[15]。そして，この善管注意義務及び忠実義務の内容については，株式

15　相澤・立案担当160頁

会社と合同会社における業務執行権者の責任に関する規定の類似性を踏まえれ
ば，株式会社と合同会社との間で基本的に同一になると考えられる[16]。

　なお，株式会社における善管注意義務と忠実義務との関係について，判例は
両者を特段区別していない[17]。取締役における善管注意義務は民法上の委任契
約由来とするところ（会社法330条，民法644条），合同会社の業務執行社員につ
いても民法上の委任の規定が準用されること（会社法593条4項），取締役にお
ける忠実義務の規定（会社法355条）における文言は合同会社におけるそれとほ
ぼ同一であること（会社法593条2項）からすると，合同会社における善管注意
義務及び忠実義務の関係について，株式会社と別異に解する必要はないように
考えられる。そのため，以下では善管注意義務と忠実義務とを明示的に区別し
ない。

　次に善管注意義務の具体的な内容について見ていく[18]。

(1)　善管注意義務の水準

　善管注意義務の水準は，その地位・状況にある者に通常期待される程度のも
のとされ，特に専門的能力を買われて選任された者については，期待される水
準は高くなるとされる[19]。したがって，合同会社において特に想定されていた

16　論点体系会社法(4)427-428頁［橡川泰史］，会社法コンメ⑭146頁［尾関幸美］，森本・前掲（注6）
　161-162頁。なお，合同会社をはじめとする持分会社については，所有と経営の分離が徹底されてい
　ない点で，株式会社における取締役の負うべき義務内容とは自ずから異なるとの考え方もありうる
　ものの，株式会社においても株主が取締役となる例は実務上多く存在しており，そうした場合にお
　いても善管注意義務が軽減されるような法律上の根拠もないことから，株式会社と合同会社におけ
　る善管注意義務の具体的内容は基本的に同一となり，具体的場面に応じた当てはめにおいてその仕
　組みの違いが影響するにすぎないと考えられる。

17　最判昭和45年6月24日民集24巻6号625頁は，旧「商法254条ノ2の規定は，同法254条3項民法
　644条に定める善管義務を敷衍し，かつ一層明確にしたにとどまるのであつて，所論のように，通
　常の委任関係に伴う善管義務とは別個の，高度な義務を規定したものとは解することができない。」
　としている。

18　本書では，主に株式会社と合同会社とを対比しつつ，特に異なる点について検討を行うものであ
　るが，業務執行社員の善管注意義務については合同会社の業務執行に関してとりわけ重要な点であ
　るから，以下では簡単にその内容を見ていくこととする。

19　江頭・株式会社法449頁

ような専門的知識や技術の提供を行う社員が業務執行社員となるような場合，そうした専門的知識に関しては善管注意義務の水準が高くなることとなる。

　例えば，ある研究分野に造詣が深い社員が，業務執行社員として，同分野の研究開発を行う事業体に対する投資判断を担っている場合に，通常人であれば当該分野における先進性の判断が難しいとしても，そのような業務執行社員であればそうした内容の判断も適切に行うことが期待されているため，その事業体が行っている研究開発活動の評価を著しく誤ったときには，善管注意義務違反を問われる可能性があろう[20]。

(2) 経営判断原則

　会社の経営にはリスクが不可避であり，経営の専門家でない裁判所が事後的に後知恵をもって判断することは取締役の行動を萎縮させるおそれがあることから，経営判断については，取締役に広い裁量が認められるべきであり，その判断の過程，内容に著しく不合理な点がない限り，善管注意義務に違反するものではないとする考え方が，その具体的内容については若干の差異があるものの，学説上及び裁判例上，認められており，これを「経営判断原則」という[21]。

　善管注意義務の内容について株式会社と合同会社とで同様であるとされていること，経営判断原則に関する上記趣旨は合同会社にも当てはまることから，経営判断原則は当然に合同会社の業務執行社員にも適用されるものであろう。

　なお，経営判断原則は業務執行社員が誠実に経営判断を行ったことが前提となるため，そもそも経営に関する判断を行っていない場合，合同会社と利益相反がある場合や，法令に違反している場合等には，経営判断原則は適用されな

20　東京高判昭和58年4月28日判例時報1081号130頁は「監査役は善良なる管理者の注意を用いて事務を処理する義務を負い［中略］，取締役の職務の執行を会計のみならず業務全般にわたって監査する権限［中略］を行使するについても，これに必要な識見を有することが期待されるところであるから，監査役たる控訴人自身が前記のような明らかな税務処理上の過誤を犯したことは，被控訴会社に与えた実害の有無，程度にかかわらず，監査役として著しく不適任であるといわざるを得ない。」と判示していることが参考になる。

21　田中・会社法276-277頁，江頭・株式会社法493-496頁，会社法コンメ(7)423頁以下［近藤光男］，会社法コンメ(14)146頁［尾関幸美］

い[22]。

⑶　監視義務及び内部統制システム構築義務

　取締役は，他の取締役が法令や定款に違反することなく適法適正に職務を行うことについて監視する義務（監視義務）があり，また事業規模が相当程度に大きくなった株式会社では善管注意義務の一内容として，会社の業務の適正を確保するために必要な体制を整備する義務を負うとされている（内部統制システム構築義務）。特に大会社においては，会社法上，内部統制システム整備の決定を行うことが義務付けられている（会社法348条3項4号・4項）[23]。

　一般に監視義務の根拠として，取締役会の権限として「取締役の職務の執行の監督」（会社法362条2項2号）が挙げられていることが指摘されるが，取締役会非設置会社における取締役についても，各自が業務執行機関であること（会社法348条1項・2項）を理由として，他の取締役に業務執行を全面的に委ねたままにすることは許されず，監視義務が認められている。そうすると，合同会社の業務執行社員にも監視義務が認められる余地は十分あろう[24]。

　また，合同会社について内部統制システムの整備を義務付ける規定はないものの，持分会社の規模によっては，善管注意義務の一内容として内部統制システム構築義務を構成する余地があるとする見解もある[25]。上記のとおり，株式会社における内部統制システム構築義務は善管注意義務の一内容であると解されていることからも，このような見解は合理的であるように考えられる。ただし，合同会社においてはその機関設計の自由度が極めて高いこと等から，適切

22　会社法コンメ⑺424頁［近藤光男］参照

23　会社法コンメ⑺426-427頁［近藤光男］

24　以上につき会社法コンメ⑺427頁［近藤光男］，会社法コンメ⒁146-147頁［尾関幸美］。ただし，条文上明確に監視義務を課する根拠となる規定はなく，また業務執行社員全員を決定に参与させなければならない重要事項を列挙する定めも置かれていないことから，法令・定款に定めた業務執行の手順を踏まえて実行される業務については，業務執行社員全員が法律上当然にその業務執行の妥当性に関する監督をする義務を課されているという構成は採りにくい，との指摘もある（論点体系会社法⑷441頁［橡川泰史］）。

25　会社法コンメ⒁147頁［尾関幸美］

136

な内部統制システムの内容について株式会社と異なった検討が自ずと必要となるように思われる。

(4)　法令遵守義務

　取締役は，法令を遵守して職務を行う義務を負う（会社法355条）が，業務執行社員も同様の義務を負う（会社法593条2項）。

　法令遵守義務に関しては，仮に法令に違反する場合であっても，取締役の故意又は過失がない限り，任務懈怠責任を負わないとされており（会社法423条）[26]，業務執行社員についても同様であると考えられる（会社法596条参照）。

　特に重要となるのは，判例上又は実務上，法令の解釈が明確でない場合で，安易な業務執行により後から監督官庁，ひいては裁判所にそうした業務執行が違法であると判断されたときに，法令遵守義務違反があったとして，任務懈怠責任を問われる可能性がある，という点である。合同会社に限ったものではないが，法令等の解釈が明確ではない場合においては，業務執行（業務の決定）の前に，専門家を交えた十分な検討が必要となろう。

3　競業の禁止・利益相反取引の制限

(1)　競業の禁止

　業務執行社員は，当該社員以外の社員全員の承認を得なければ「競業」することができない。ここで「競業」とは以下のものとされている（会社法594条1項本文・各号）。

　①　自己又は第三者のために合同会社の事業の部類に属する取引をすること
　②　合同会社の事業と同種の事業を目的とする会社の取締役等になること
　①は，合同会社が実際に行っている取引と目的物及び市場が競合する取引を，業務執行社員が自己又は第三者のために行うことを禁止するものである[27]。

26　最判昭和51年3月23日集民117号231頁，最判平成12年7月7日民集54巻6号1767頁
27　「自己又は第三者のため」の意味については，江頭・株式会社法454頁，会社法コンメ⑭156-157頁［北村雅史］等参照

　他方，②は，「同種の事業」を営む会社の取締役，執行役又は業務執行社員となることができないとするもの（競業制限）であり，「同種の事業」は，①の「合同会社の事業の部類」と同じである[28]。

　なお，会社法に基づく競業制限は「会社の取締役，執行役又は業務執行社員」とされていることから，他の会社の株主や社員となったり，そもそも会社ではない法人，例えば一般社団法人や社会福祉法人の理事となったりすることは，本条には違反しない。ただし，こうした競業制限は，その趣旨こそ違えど，他の法律（例えば独占禁止法13条）においても課されていることや，また不正競争防止法上の不正競争（不正競争防止法2条1項7号・6項）となる可能性があることにも注意が必要である。

　業務執行社員が競業を行うためには，他の社員全員の承認が必要とされているが，これは定款で別段の定めを置くことも可能である（会社法594条1項但書）。したがって，例えば株式会社のように社員の多数決とすることもできる（会社法356条1項1号）。なお，競業の承認は黙示でもよく，また包括的に行うことができるとされている[29]。

　仮に会社法又は定款上の承認を得ずにした競業についても，第三者との関係では，第三者の主観を問わず有効である[30]。

(2)　利益相反取引の制限

　業務執行社員は，当該社員以外の社員の過半数の承認を得なければ「利益相反取引」をすることができない。ここで「利益相反取引」とは以下のものをいう（会社法595条1項本文・各号）。

　①　業務執行社員が自己又は第三者のために合同会社と取引すること
　②　社員でない者との間で合同会社と業務執行社員との利益が相反する取引をすること

28　会社法コンメ(14)157頁［北村雅史］
29　会社法コンメ(14)160頁［北村雅史］
30　会社法コンメ(14)160-161頁［北村雅史］

ア　直接取引

　上記①は「直接取引」といわれ，文字どおり，業務執行社員が合同会社と取引することをいう。合同会社Xの業務執行社員であるAが，直接，不動産の売買契約を締結する場合は当然これに該当するが（自己のための取引），Aが株式会社Yの代表取締役であるときに合同会社Xと取引を行う場合もこれに該当する（第三者のための取引）。ただし，A以外の者が合同会社Xと株式会社Yを代表して取引を行う場合にはこれには該当しない（**図表5-2**参照）。

【図表5-2】　合同会社Xから見た場合の直接取引の整理

取引代表者		合同会社X	
		A	A以外の業務執行社員
株式会社Y	A	該　当	該　当
	A以外の取締役	非該当※	非該当

(注)　なお，株式会社同士の事例と合同会社－株式会社間の事例とは同様に解釈できることを前提としているが，別異に解する理由はないと思われる。また，したがって，図表5-2は合同会社間の事例にも同様に当てはまるものと考えられる。

　Aが代表している場合には，まさにAは株式会社Y（Xから見て第三者）のために取引をしていることとなるため，合同会社Xから見ると直接取引に該当する。また，Aが合同会社Xのみの代表をしている場合であっても，株式会社YにおいてA以外の者が代表しているときは，形式的には，直接取引に該当しないこととなる。ただし，実務上は直接取引に該当しうるものとして，利益相反取引の承認を得ておくのが無難であろう[31]。

イ　間接取引

　他方，上記②はいわゆる「間接取引」であり，業務執行社員が利益を得る一方で合同会社が不利益を被る危険性のある取引類型である。条文上は合同会社が業務執行社員の債務を保証することが例示されているが（会社法595条1項2

号），そのほか，合同会社が業務執行社員の債務を引き受ける場合[32]，業務執行社員の債務について合同会社が担保提供する場合[33]のほか，業務執行社員を被保険者とする損害保険契約や，業務執行社員を被保険者兼保険金受取人とする生命保険契約を締結する場合も間接取引に当たるとされている[34]。

　業務執行社員が利益相反取引を行うには，他の社員の過半数の承認が必要であるが，定款に別段の定めを置くことが可能である（会社法595条本文・但書）。したがって，例えば業務執行社員の過半数の同意としたり，競業禁止と揃えてすべての社員の承認としたりすることもできる。

　こうした承認を得ずに行われた利益相反取引の効力については，株式会社と同様，通説上，原則として無効であるが，第三者が悪意でなければ，第三者との関係で無効とはならない（対抗できない）とされている[35]。

4　業務執行社員の任務懈怠責任等

⑴　業務執行社員の任務懈怠責任

　業務執行社員がその任務を怠ったときには，他の業務執行社員と連帯して，合同会社に対してその損害を賠償しなければならない（会社法596条）。これは株式会社の役員等における任務懈怠責任（会社法423条1項）と同趣旨であるとされており[36]，したがって，業務執行社員について上記の善管注意義務（及び忠実義務）違反があったときには，当該業務執行社員は，それによって合同会社

31　以上につき江頭・株式会社法458-459頁。また，Aが合同会社Xのみを代表している場合に関しては，いずれも株式会社に関する記述ではあるが，酒巻俊雄ほか編集代表『逐条解説会社法　第4巻　機関・1』431頁［石山卓磨］（中央経済社，2008年）は，Aが合同会社Xの代表社員（本文中は代表取締役）であって，株式会社Yの平取締役である場合には，株式会社Y側の承認だけでよいとする（そのほか旧商法265条に関する記述であるものの，稲葉威雄ほか編『［新訂版］実務相談株式会社法3』268-270頁［芦原利治］（商事法務研究会，1992年）は，忠実義務違反の問題とする説が有力であるとする。）が，江頭・株式会社法460頁は，合同会社XをAが代表したのであれば，合同会社Xにおいても承認を要する（直接取引に該当する）としている。

32　最判昭和43年12月25日民集22巻13号3511頁

33　東京地判昭和50年9月11日金融法務事情785号36頁

34　会社法コンメ⑻82頁［北村雅史］，会社法コンメ⑭166頁［北村雅史］

35　会社法コンメ⑭168-169頁［北村雅史］

36　論点体系会社法⑷438頁［橡川泰史］

に生じた損害を賠償しなければならないこととなる。複数の業務執行社員が業務の執行に当たった場合で，両者に任務懈怠があれば，両者が任務懈怠責任を負うこととなるし，業務の決定において善管注意義務違反があれば，その業務の決定に関与した業務執行社員について任務懈怠責任が生じうることとなる。

　特に業務の決定に関する任務懈怠に関しては，業務の決定に際して行われた議論や検討された具体的な事項が重要となることから，（合同会社においては取締役会のような議事録作成の義務は存在していないものの，）特に重要な業務の決定に際しては，業務執行社員において行われた議論，参考にした資料，賛成反対の別等について業務執行社員決定書等の書面により記録しておくことが重要となろう（実務上も，とりわけ重要な取引や，事業譲渡契約や株式譲渡契約等のリスクが相対的に高い取引に際しては，こうした書類が作成されることとなる。）。具体的な善管注意義務の内容に関しては，上記2を参照されたい。

(2)　任務懈怠責任の免除と任務懈怠の推定

　上記(1)のとおり，業務執行社員の任務懈怠責任に関する規定も株式会社と類似する規定ではあるが，株式会社と異なり，合同会社による業務執行社員に対する責任の免除については，基本的に制限がない点（株式会社の場合には会社法424条以下において，一定の場合にのみ免除が認められているにすぎない。），及び利益相反取引に関する任務懈怠の推定規定（株式会社において利益相反取引により損害が生じたときは，会社法423条3項により取締役の任務懈怠が推定される。）が存在していない点において，株式会社と異なっている。

　業務執行社員の責任の免除に関して，業務執行社員の，善管注意義務及び任務懈怠責任それ自体を免除することはできないとされているが，その責任免除を制限する規定が置かれていないことから，原則として定款において自由に免除することができ，事前又は事後いずれの免除であっても，その方法や条件についても自由に定款に定めることができるとされている[37]。ただし，定款にお

---

[37]　会社法コンメ(14)170頁［北村雅史］，宍戸善一「持分会社」ジュリスト1295号112頁（2005年）

いて事前に免除している場合は問題となる可能性は低いが，事後的に免除する場合には，すでに発生している業務執行社員の債務を合同会社が免除しているものとして，税務上，当該業務執行社員について債務免除相当額の（原則として）給与所得が生じ，合同会社については債務免除相当額の寄附金として扱われる可能性もあろう。

(3)　社員の責任追及の訴え

　合同会社の社員は，合同会社に対して，社員の責任を追及する訴えの提起を請求でき，合同会社がその請求の日から60日以内に訴えを提起しないときには，その請求をした社員は，社員の責任を追及する訴えに関する代表権を取得する（「代表」の意味については下記6を参照）（会社法602条）。これは株式会社における株主代表訴訟と類似する制度であり，定款によって排除することができない[38]。

　なお，株主代表訴訟においては株主が訴えの提起を行うが（会社法847条3項），上記の社員の責任を追及する訴えに関しては，その請求をした社員が合同会社の代表として訴えの提起をし，訴訟遂行することになる。

5　職務執行者の選任

(1)　職務執行者の意義

　株式会社においては，法人が取締役や監査役となることができない（会社法331条1項1号，335条1項）。そのため，取締役や監査役として選任された個人が，自らその職務を行うこととなる。

　これに対して，合同会社の場合には，上記1(2)のとおり持分を有する社員が業務執行を担うこととされており，また当然，（法人が株式会社の株主となりうるのと同様に）法人が合同会社の持分を取得することも想定されていることから，法人が持分を取得した場合，その法人社員が業務執行社員となることも当

38　宍戸・前掲（注37）112頁

然に想定されている。

　しかしながら，法人が業務執行社員となる場合，その法人社員が合同会社の業務執行を行うことになるが，法人は実体がないため，法人自らが実際の業務執行を行うことはできない。そこで，法人の役員や使用者等を通じて業務執行を行うこととなるが，そこに何らかのルールがないと，役員や使用者等のうちいずれの者が業務執行者としての権限を行使し，また責任を負うかについて不明確となってしまう。

　そこで，法人である業務執行社員は，その職務を執行する自然人を選任し，その者の氏名及び住所を他の社員に通知しなければならないとされているのである（会社法598条1項）。

　また，職務執行者については，代表社員が法人であるときには，その氏名及び住所が登記事項とされている（会社法914条8号）。なお，職務執行者は死亡，辞任，解任等により退任し，その場合の登記の添付書面は，退任を証する書面である（商業登記法118条，97条2項）[39]。

(2)　職務執行者の権限・資格

　職務執行者は，業務執行社員に代わって職務執行を行う権限を有する。この場合，職務執行者の行為は，業務執行社員である法人が自ら行ったものとみなされる[40]。なお，職務執行者は，あくまで業務執行に関する職務を執行するため，会社の組織事項に関する事項（定款変更，持分譲渡の承諾等）については，業務執行社員自らが（原則としてその代表者名義で）行うこととなろう[41]。

　業務執行社員は社員でなければならないのに対して（上記1⑸ア参照），職務執行者については，特に資格の制限はない。したがって，業務執行社員の役員や従業員はもちろん，例えば顧問弁護士や顧問税理士，コンサルタント等から

39　松井・ハンドブック690-691頁
40　論点体系会社法⑷445頁［橡川泰史］
41　森本・前掲（注6）43-44頁

も選任することができる[42]。

(3)　職務執行者の人数

　職務執行者の人数に関しても特段制約はない。そのため，一つの法人社員が職務執行者を複数人選任することも許容されている[43]。

　複数の職務執行者が選任されている場合において，それぞれの職務権限に関する規定は，会社法上置かれていないため，各職務執行者が，業務執行者としての職務執行権限を有することとなる。もちろん，法人社員と職務執行者との間で職務執行権限について制約を加えることも可能ではあるものの，その制約は登記等によって外部に表示されない。したがって，もし職務執行者が契約上の制約を超えて職務執行を行ったとしても，適法な業務決定が行われなかった場合におけるのと同様の扱いがなされることになると考えられる（上記 1 (4)参照）。

　なお，実務上，法人社員は職務執行者に対して，一定の職務執行を行うときには事前に法人社員内部における決裁を経させる場合もあるが[44]，この決裁手続が行われなかった場合も，契約上の権限を越えた場合と同様の扱いがなされることになると考えられる。

(4)　職務執行者の法的地位・責任

　職務執行者は，上記(2)のとおり，業務執行社員である法人に代わって業務執行を行う。この場合において，業務執行社員たる法人とその職務執行者との間には，雇用契約や委任契約等の契約関係が存在することとなるが，合同会社と

42　会社法コンメ(14)174頁［尾関幸美］

43　森本・前掲（注6）42-43頁

44　こうした義務は，法人社員と職務執行者との間の委任契約書に記載されたり，法人社員の内部規程に基づいて従業員である職務執行者に対する職務命令によって行われたりすることになる。この義務を合同会社の定款に定めることも可能であると考えられるものの，定款の性質上，合同会社の業務執行に関するものであるとはいえ，業務執行社員と職務執行者との間の権利義務関係は，両者の契約関係に基づいて規定されるべきであろう（下記Ⅱ参照）。

職務執行者との間の契約関係は必須のものではなく，合同会社と職務執行者とは復委任と類似の関係になるとされている[45]。なお，この場合における職務執行者の報酬を巡る法務・税務上の取扱いについては，下記8⑶⑷を参照されたい。

　そして，職務執行者も業務執行社員が負う善管注意義務，競業禁止，利益相反取引の制限，合同会社又は第三者に対する損害賠償責任を負うこととなる（会社法598条2項，593条〜597条）。

⑸　業務執行社員内部の職務執行者選任手続

　職務執行者の選任にあたっては，合同会社における手続（上記⑴の通知と登記）に加え，法人社員内部における職務執行者選任の意思決定も必要となる。

　そして登記実務上は，職務執行者の有する権限を踏まえ，支配人に準じる重要な使用人に当たるものとして扱われており[46]，実務上もこれに準じている[47]。

　したがって，法人社員が取締役会設置会社であれば取締役会決議が（会社法362条4項3号），合同会社その他の持分会社であれば，定款に別段の定めがない限り社員（業務執行社員ではない）の過半数の同意が（会社法591条2項），一般社団法人（理事会設置）又は一般財団法人であれば理事会決議が（一般法人法90条4項3号，197条）[48]それぞれ必要となる。

6　合同会社の代表

　業務執行社員は，合同会社を代表し，複数の業務執行社員がある場合には各自が合同会社を代表する（会社法599条1項・2項）。ここで「代表」とは，代

45　論点体系会社法⑷444頁［橡川泰史］
46　平成18年3月31日法務省民商第782号，松井・ハンドブック166頁
47　登記が必要となるのは下記6で見る合同会社を代表する社員が法人である場合の職務執行者であることから（会社法914条8号），厳密には，代表権のない業務執行社員の職務執行者については支配人に準じるものではないとの解釈もありうるが，あえて職務執行者の選任において適切な意思決定がなされていないとされるリスクを冒す必要はないことから，実務上，職務執行者の選任にあたっては，支配人の選解任に準じた手続が採られているものと考えられる。
48　そのほか，理事会が設置される公益法人，社会福祉法人，学校法人等においても同様となる。

表者が会社のためにした行為の効果が会社に及ぶことをいい[49]，代表権を有する社員は裁判上又は裁判外の行為をする権限を有する（会社法599条4項）。会社法上のデフォルトルールではすべての社員が合同会社の業務を執行することから（会社法590条1項），すべての社員が合同会社を代表することとなる（以下，合同会社を代表する社員を「代表社員」という。）。

　他方で，定款において業務執行社員を定めた場合，その業務執行社員が代表社員となる（会社法599条1項）。さらに合同会社は，定款又は定款の規定に基づく互選[50]により，業務執行社員の中から代表社員を定めることができる（会社法599条3項）。

　したがって，業務執行社員が株式会社でいう取締役であるのに対して，代表社員は株式会社でいう代表取締役と同様の地位にあるといえる。

　また，代表社員の氏名又は名称及び住所，並びに代表社員の職務執行者の氏名及び住所は登記事項である（会社法914条7号・8号）。合同会社に特有の問題ではないものの，代表社員やその職務執行者の氏名等及び住所が会社の登記に表示される点には，実務上，特に注意が必要である。第2章Ⅱ1(2)アでも述べたとおり，いったんこれらが登記されると，その後代表社員の変更があった場合でも，登記簿上には記載が残り続けることとなるためである（抹消（変更）事項については下線が付されるのみである。）。

　なお，従前は内国会社の代表取締役のうち少なくとも1名は，日本に住所を有しなければ，設立の登記の申請は受理されず，内国株式会社の代表取締役の重任又は就任の登記についても同様とされていたため，合同会社も同様であると考えられていた[51]。しかしながら，現在ではこの取扱いは廃止され，代表社員及びその職務執行者全員が外国に住所を有していても，問題なく登記申請が受理されることとなった[52]。

---

[49]　田中・会社法240頁。なお，代表は「代理」と基本的に同じであるとされている。
[50]　「互選」の明確な定義は会社法上置かれていないが，実務上，過半数による選定を意味することが前提となっており，本書においてもこれを前提としている。
[51]　昭和59年9月26日民四第4974号，昭和60年3月11日民四第1480号，松井・ハンドブック630頁
[52]　平成27年3月16日法務省民商第29号，登記研究808号146頁（2015年）

7 業務執行社員及び代表社員の辞任・解任

⑴ 総説－株式会社の取締役・代表取締役の辞任・解任等

　株式会社における取締役と比較して，業務執行社員と代表社員の辞任及び解任に関するルールは大きく異なっている。

　まず取締役は，株主総会において，議決権を行使できる株主の議決権の過半数を有する株主が出席し，出席した株主の議決権の過半数をもって選任される（会社法329条1項，341条）。また，代表取締役は，取締役会設置会社であれば取締役会の決議により（会社法362条2項3号），取締役会非設置会社であれば定款，定款の定めに基づく取締役の互選，又は株主総会の決議によって選定される（会社法349条3項）。

　以上を前提に，その職務の終了について見ていく。

　まず株式会社における取締役には任期が設定され，任期の終了をもって当然に終任となる（会社法332条）。さらに，取締役はいつでも辞任することができる（会社法330条，民法651条1項）。

　次に代表取締役に関し，取締役会設置会社における代表取締役及び取締役会非設置会社において定款の定めに基づく互選により選定された代表取締役は，いつでも，その地位のみを辞任する（代表取締役ではなくなるが取締役としては留任する）ことができる。これに対して，登記実務上，取締役会非設置会社において定款又は株主総会の決議により選定された代表取締役は，定款の変更又は株主総会の承認決議がないと辞任することはできないとされている[53]。

　以上に加えて，株主総会の決議（決議要件は選任と同様）により，取締役をいつでも解任することができ（会社法339条1項，341条），代表取締役については，取締役会設置会社であれば取締役会の決議により（会社法362条2項3号），取締役会非設置会社であればその選定方法に応じて定款の定めの削除，株主総会の決議，又は取締役の過半数の一致によって代表取締役の地位から解職され

---

[53] 以上につき松井・ハンドブック412頁

る[54]。

　これに対して，合同会社における業務執行社員及び代表社員の辞任及び解任に関するルールは全く異なっている。これらについては以下で個別に見ていくこととするが，株式会社と合同会社におけるルールの概要をまとめると，**図表5－3**のとおりである。

【図表5－3】　株式会社及び合同会社における役員等の辞任・解任等の整理

	株式会社			合同会社	
	取締役	代表取締役の地位		業務執行社員	代表社員
		取締役会設置	取締役会非設置		
選任・選定	株主総会	取締役会	①定款 ②取締役の互選 ③株主総会決議	①社員全員 ②定款で選任 ③定款に定める選任方法	①業務執行社員全員 ②定款で選定 ③定款に定める互選
任　期	あり			なし	
辞　任	可能		①定款変更 ②可能 ③株主総会決議^(注)	①不可 ②正当な事由があるとき ③正当な事由があるとき	①不可 ②定款変更 ③可能
解任・解職	株主総会決議	取締役会	①定款変更 ②取締役の過半数の一致 ③株主総会決議	①不可 ②定款変更 ③選任方法と同一	①不可 ②定款変更 ③業務執行社員の過半数の同意
	以上のほか，役員解任の訴え			以上のほか，業務執行権又は代表権消滅の訴え	

（注）　ここでは代表取締役の地位のみの辞任を記載している点に留意されたい。

54　松井・ハンドブック414頁

(2) 業務執行社員の辞任・解任

ア 辞任・解任の要件等

合同会社の業務執行社員の選任に関しては，①社員全員が業務執行社員となる場合，②定款において業務執行社員を定める場合，及び③定款に定めた方法により業務執行社員を選任する場合とに分けられ，これに応じて辞任及び解任に関する規律も異なる。

① 社員全員が業務執行社員となる場合には，社員としての地位を喪失し又はさせない限り，辞任はできず，解任もされない。ただし，新たに業務執行社員に関する規定を定款に置けば，それに基づいて選任された社員のみが業務執行社員となるから，その他の業務執行社員についてはその地位を喪失することとなろう。

② 定款において業務執行社員を定めた場合，定款に別段の定めを置かない限り，正当な事由がなければ，業務執行社員を辞任することはできず[55]，また合同会社は，正当な事由があり，かつ，当該業務執行社員以外の社員の一致によらなければ，業務執行社員を解任することができない（会社法591条4項・5項・6項）[56, 57]。

③ 定款に定めた方法により選任された業務執行社員は，やはり正当な事由があれば業務執行社員を辞任することができるほか，定款に定めた選任方法と同一の意思決定に基づいて解任することができると考えられる[58]。

---

[55] 辞任については正当な事由があれば単独の意思表示により辞任できるのか，それに加えて総社員の同意が必要となるのかについては不明確であるものの，会社法の規定上，総社員の同意が明示的に求められていないことからすれば，単独の意思表示により辞任できるものと考えられる。この点については，松井・ハンドブック693頁も参照。

[56] ただし，辞任の場面と解任の場面とで，「正当な事由」の内容は自ずと異なるのであり，正当な事由について厳格に解すると業務執行社員の自由を過度に束縛することとなりかねないから，できる限り緩やかに解して，合同会社において不都合な時期における辞任については損害賠償として解決すべきとの指摘がある（会社法コンメ⑭139頁［宍戸善一]）。

[57] 解任の場合における正当な事由については，少なくとも業務執行権消滅の訴えに規定する事由（会社法860条1号・2号，859条各号）は含まれるとされる（会社法コンメ⑭139-140頁［宍戸善一]）。

[58] 松井・ハンドブック693頁

イ　業務執行社員の辞任・解任を巡る実務上の問題点・留意点

　上記アからすれば，会社法上，業務執行社員には任期に関する定めがなく，解任についても上記ア③以外の場合には取締役と比較してハードルが高いといえる。そのため，業務執行社員にとっては長期間にわたって辞任することができなかったり，合同会社（他の社員）にとっては，業務執行社員を長期間解任できなかったりする事態が生じうる。そこで，辞任や解任の事由を緩和する旨の規定や任期に関する規定を設けておくことも考えられる[59]。なお，任期終了の場合に，任期終了後直ちに同じ社員が業務執行社員に選任されたときには，業務執行社員の変更登記は不要とされている[60]。

　また，株式会社において取締役や監査役が退任し法律上又は定款上の定員を下回った場合と異なり，合同会社の業務執行社員が退任した場合に，業務執行社員としての地位が，後任の業務執行社員が確定するまで存続するといった規定（いわゆる権利義務取締役・監査役）は存在していない（会社法346条1項）。

　ところで，相続又は合併があった場合において持分の承継を認めている場合に（会社法608条1項），相続人や吸収合併存続会社等が合同会社の社員となったときであっても，業務執行社員や代表社員としての資格は相続されないとされている[61]。そのため，もし被相続人や合併消滅会社が唯一の業務執行社員であった場合，定款において業務執行社員を別途定める等の対応を行わない限り，定款で定める業務執行社員は存在しないこととなり，全社員が業務を執行することができることとなる（会社法591条3項）。

59　条文上は定款において別段の定めを置くことを明示的に許容していないが，定款に規定を置くことで，会社法のデフォルトルールを変更することは可能であると思われる（会社法コンメ⑭139-140頁［宍戸善一］参照）。

60　平成20年11月21日法務省民商第3037号

61　会社法コンメ⑭239頁［小出篤］

150

> **コラム⑫　辞任を制限する方向での定款の定め**
>
> 　上記では，業務執行社員が簡単に辞任したり，解任されたりしない点の不都合について触れたが，他方で，業務執行社員は正当な事由があったとしても辞任できないこととしたり，正当な事由があっても解任されないとしたりすることも考えられる。例えば，合弁会社型のモデル定款として，正当な事由の有無を問わず，業務執行社員を辞任できず，また解任もされないとしている例もある※。
>
> 　しかしながら，いかなる理由があっても業務執行社員を辞任できないとするのは業務執行社員の自由を過剰に制約するものであるようにも思われること，会社法591条4項・5項において定款における別段の定めを置くことを明示的に許容していないこと，会社法860条において業務執行権の消滅の訴えが認められていることから，このような定款の定めの有効性については疑問がないではない。
>
> 　業務執行社員の辞任や解任について上記のような規定を置く際には，上記の点について自覚的である必要があろう。
>
> （※）　江頭憲治郎編著『合同会社のモデル定款－利用目的別8類型－』165-166頁（商事法務，2016年）

⑶　代表社員の辞任・解任

　業務執行社員を定款で定めた場合と異なり，代表社員の辞任や解任に関する規定は会社法上置かれていないが（会社法591条4項・5項参照），業務執行社員の解任等と同様，基本的に定款において定められている場合には定款変更により（上記⑵ア②参照），定款で業務執行社員の互選等と定められている場合には業務執行社員の解任等と同様の要件により解任等が可能である（上記⑵ア③参照）と考えられる（詳細は上記図表5－3を参照）。しかしながら，代表社員に関する規定が定款に置かれていない，すなわち業務執行社員全員が代表社員となるとき（上記⑵ア①参照）[62]には，代表社員を辞任又は解任することはできな

---

[62]　この場合には，定款において，①業務執行社員の規定と代表社員に関する規定のいずれも置かれておらず，社員全員が合同会社を代表する業務執行社員となる場合と，②業務執行社員に関する規定は置かれているが代表社員の規定は置かれておらず，一定の社員が業務執行社員となり，その全員が合同会社を代表する場合があり得よう。

いと考えられる（会社法599条1項本文参照）。ただし，新たに業務執行社員又は代表社員に関する規定を定款に置けば，それに基づいて選任された業務執行社員のみが代表社員となるから，その他の代表社員についてはその地位を喪失することとなる。

　登記実務上は，定款で定められた代表社員については辞任及び解任[63]について定款変更（デフォルトルールでは総社員の同意（会社法637条））が必要であり[64]，定款に基づき互選された代表社員の辞任又は解任は，辞任については代表社員による辞任の意思表示のみが，解任については業務執行社員の過半数の同意が必要であると考えられている[65]。

　会社法の解釈としてこの登記上の取扱いによるとしても，互選による代表社員の解任に係る過半数の同意について，その母数に解任される代表社員が含まれるのか等といった点は不明確である。そのため，例えば代表社員の解任を考慮に入れるべき合同会社において，定款で代表社員を定めるときは，当該規定の変更について当該代表社員以外の社員の同意によることができる等としておく必要があろう[66]。

⑷　業務執行権及び代表権の消滅の訴え

　合同会社は，ある業務執行社員について一定の事由があるときは，当該業務執行社員以外の社員の過半数の決議に基づいて，当該業務執行社員の業務執行権限又は代表権の消滅を，訴えをもって請求することができる（会社法860条）。

　上記のとおり定款で業務執行社員を定めた場合，デフォルトルールに基づけ

63　定款で定められた代表社員の解任は，すなわち当該定款の定めの変更を意味する。

64　登記研究編集室・前掲（注7）1274頁，筧康生ほか編集代表『詳解商業登記［全訂第3版］下巻』361-362頁（金融財政事情研究会，2022年）参照

65　松井・ハンドブック688頁

66　他方で，業務執行社員の互選により代表社員を選定するときには，仮に定款に解任される代表社員以外の業務執行社員による解任を可能とする旨を定めることとなるが，この規定の有効性については不明確である。会社法860条では，明文で対象となる業務執行社員を除いた過半数の決議としており，互選により選定された代表社員の解任についても，当該代表社員を除いた過半数である，と解釈する余地も十分あるように思われる。

ば，正当な事由がある場合に，他の社員の一致により業務執行社員を解任することができ（会社法591条5項），また定款によって定めた選任方法による場合には，同一の方法による解任が可能であると考えられる。しかしながら，定款において業務執行社員を定めずすべての社員が業務執行社員である場合や（会社法590条1項），社員の全員一致や定款に基づく方法による意思決定が図れない場合には，この業務執行権消滅の訴えによることとなる。

また，代表社員についても，上記(3)のとおり，代表社員の解任については一定の制約があることから，意思決定を行えない場合には代表権消滅の訴えによることとなろう。なお，代表社員の業務執行権のみを消滅させる（代表権は存続させる）ことはできない[67]。

業務執行権又は代表権を消滅させるには，以下の事由（**図表5−4**参照）が必要となる（会社法860条1号・2号，859条各号）。

【図表5−4】 業務執行権・代表権の消滅事由

除名事由があること（860条1号，859条各号）
・出資の義務を履行しないこと（859条1号） ・競業禁止規定に違反したこと（同条2号） ・業務執行に当たって不正行為をし，又は業務執行権がないのに業務執行に関与したこと（同条3号） ・合同会社を代表するに当たって不正行為をし，又は代表権がないのに合同会社を代表して行為をしたこと（同条4号） ・上記のほか重要な義務を尽くさないこと（同条5号）
合同会社の業務執行をし，又は合同会社を代表することに著しく不適任なとき（860条2号）

上記のうちどのような場合に「著しく不適任」となるかについては，解釈に委ねられており，永続的な病気のほか，放漫経営などがこれに該当する可能性があるとされている[68]。

---

[67] 会社法コンメ(19)675頁［伊藤雄司］
[68] 会社法コンメ(19)677頁［伊藤雄司］

　なお，代表社員や業務執行社員の職務執行者について，その権限の剥奪をする手続は設けられていない。これは，立案担当者によれば，仮に職務執行者の権限を消滅させる請求を認容する判決が確定したとしても，再度，代表社員や業務執行社員となっている法人社員において，権限を失った職務執行者を改めて職務執行者として選任することは妨げられず，制度として実効性を欠くためであると説明されている[69]。

8　業務執行社員に対する報酬と税務上の論点

(1)　業務執行社員[70]に対する報酬の法務

　株式会社の場合，株式会社と取締役との間の関係は委任関係にあるとされており（会社法330条），法律上の原則は無報酬である（民法648条1項）。ただし，（当然ながら）実務上は取締役に対して一定の報酬が支払われており，会社法も，取締役の報酬に関する規定を設けている。すなわち，取締役の報酬等については，定款又は株主総会決議によって定めるものとされているのである（会社法361条）。その具体的な規制内容については，本書では立ち入らない。

　これに対して，合同会社の場合，そもそも合同会社と業務執行社員との間の関係について明確に規定されておらず，単に委任に関する民法の規定の一部が準用されているのみである（会社法593条4項）。そのため，合同会社と業務執行社員との間に一定の契約関係を観念すべきか否かについては議論がありうるところであるが[71]，少なくとも，委任契約における無報酬規定は準用されていることから，業務執行社員も原則として無報酬となることに変わりはない（会社法593条4項，民法648条1項）。そして，株式会社とは仕組みが異なるものの，会社法は業務執行社員との関係について，委任に関するデフォルトルールとは別段の定めを定款に置くことを許容しているため（会社法593条5項），業務執

69　相澤・論点解説582頁

70　「取締役」に代表取締役が含まれるように，「業務執行社員」には当然に代表社員も含まれる。

71　詳細については会社法コンメ⑭147-148頁［尾関幸美］，論点体系会社法⑷428-429頁［橡川泰史］参照，森本・前掲（注6）36頁。なお，登記実務上は業務執行社員の選任登記に際して就任承諾書は求められていないようである（松井・ハンドブック694頁）。

行社員に報酬を支払うことが想定されるときには，その金額や報酬額の決定方法を定款において規定することとなる。

なお，株式会社と異なり，特に報酬額の決定方法に関する規制は置かれていないが，業務執行社員となってから報酬に関する特約を締結する場合には，利益相反取引に該当するとされている（利益相反取引の承認については上記3⑵参照）[72]。

⑵ 業務執行社員に対する報酬の税務

合同会社が業務執行社員に対して支払う報酬には，法人税法上の役員報酬規制の規定が適用される（法人税法34条）。

すなわち，法人税法上，損金不算入の対象となるのは「役員」に対する報酬であるところ，「役員」には，取締役等の株式会社の役員に加えて，「法人の使用人以外の者でその法人の経営に従事しているもの」も含まれる（法人税法施行令7条1号）。合同会社の業務執行社員は合同会社の経営に従事していることから，したがって，合同会社が業務執行社員に対して支払う報酬は，役員報酬規制が適用され，一定の事由を満たさない限り合同会社において損金に算入されないこととなる。

なお，株式会社における使用人兼取締役と同様，業務執行社員が使用人を兼務する事例も当然にある。この場合には，法務の観点からは，業務執行社員としての報酬部分と使用人としての報酬部分を明確にしておくことが望ましいことはいうまでもない。しかしながら，法人税法の観点からは，業務執行社員は役員報酬規制の適用されない「使用人としての職務を有する役員」（法人税法34条6項）から除外されているため（法人税法施行令71条1項3号），業務執行社員としての報酬部分はもちろん，使用人としての報酬部分も「役員に対して支給する給与」（法人税法34条1項）に含まれ，役員報酬規制の対象となる。

報酬が業務執行社員である個人社員に対して支払われる場合，取締役に対す

72　論点体系会社法⑷430頁［橡川泰史］

る報酬と同様，当該個人社員にとっては給与所得になるものと考えられる[73]。したがって，業務執行社員に対して支払われる報酬に対しては，合同会社は源泉徴収義務を負う（所得税法183条1項）。

　他方，上記5(1)のとおり，株式会社と異なり，合同会社では法人が業務執行社員となることができ，この場合，法人税法上の「役員」には合同会社の法人社員も含まれうる（法人税基本通達9-2-2）。したがって，法人が業務執行社員である場合でも，当該法人に支払う報酬は役員報酬規制の適用対象となる。この場合，個人社員の場合と異なり，合同会社は当該法人に対する報酬について源泉徴収義務を負わないこととなる。他方，報酬を受けて法人社員が行う職務執行は，「事業として対価を得て行われる……役務の提供」（消費税法2条1項8号）に該当することから，法人社員に対する報酬の支払は課税取引となり（消費税法4条1項），合同会社にとっては課税仕入れ（消費税法2条1項12号）に該当することとなる。

(3)　職務執行者に対する報酬等に関する法務

　上記5(4)のとおり，合同会社と職務執行者との間では，直接の契約関係が存在する必要はない。そのため，法律上は，①合同会社が業務執行社員に対して報酬を支払い，さらに業務執行社員が職務執行者に対して給与等の報酬を支払うのが自然である[74]。他方で，②合同会社と職務執行者との間の直接的な契約関係を観念せず，合同会社が法人社員ではなく職務執行者に直接報酬を支払うことや，③合同会社と職務執行者との間で任用契約を観念する前提で，合同会社が直接報酬を職務執行者に支払うことも，私法上可能であるとされている[75]。税務上の検討にあたっては，前提となる私法上の法律関係の検討が必要であるため，合同会社から職務執行者に対する報酬の支払についての検討を若干加え

73　金子宏『租税法［第24版］』246頁（弘文堂，2021年）

74　同旨・江頭憲治郎ほか「合同会社等の実態と課題〔下〕」旬刊商事法務1945号27頁（2011年）［黒田裕発言］

75　江頭ほか・前掲（注74）28頁［大杉謙一発言］

ておく。

ア　合同会社と職務執行者に直接的な契約関係を観念しない場合（上記②）

まず，上記②の方法は，合同会社と職務執行者との間に直接の法律関係がないことを前提としている。この場合，職務執行者はあくまでも業務執行社員から受けるべき報酬を，合同会社から代わりに受けている，換言すれば，合同会社が業務執行社員に対して支払うべき報酬のうち，職務執行者に対する報酬部分については，業務執行社員を介さず，直接職務執行者に支払っているものと整理できると考えられる。

これは，私法上は三者間の合意により，合同会社が，業務執行社員の有する職務執行者に対する報酬等支払債務を弁済し（いわゆる第三者弁済），これによって業務執行社員が負うこととなる合同会社に対する求償債務と，合同会社が負う業務執行社員に対する報酬支払債務とを相殺している，と説明できよう（民法474条1項，499条）。

イ　合同会社と職務執行者に任用契約を観念する場合（上記③）

続いて，上記③の方法はシンプルであり，合同会社と職務執行者との間で締結した任用契約（民法上の委任契約であると考えるのが自然であると考えられるが，必然ではない。）に基づく報酬支払として整理できよう。

ウ　各方法における法務上の留意点

ここで法務上留意が必要なのは，上記②の方法であれば，あくまで業務執行社員に対する報酬が存在することが前提となることから，上記(1)の，業務執行社員に対する報酬に関する各規定が適用されることに疑問はない。そのため，例えば合同会社の定款において，業務執行社員の報酬について業務執行社員の過半数の同意や社員総会の決議を要する等と規定されている場合，当然，これらの規定に服することとなる。

これに対して，上記③の方法の場合，業務執行社員に対する報酬と，職務執

行者に対する報酬とを個別に観念することができてしまう。そのため，定款において業務執行社員の報酬に関する規定を追加したとしても，職務執行者に対する報酬はその埒外に置かれてしまう可能性がある。

　しかしながら，職務執行者の地位は，業務執行社員の地位が前提となっていることに照らせば，このような解釈は妥当であるとはいえないと考えられる。すなわち，あくまで合同会社と業務執行社員との間の法律上の関係（委任契約関係又はこれに類似する関係）を前提に，合同会社と職務執行者との間で別途の契約を締結している，言い換えれば後者は前者の従たる存在であることを踏まえれば，合同会社と職務執行者との間の任用契約に基づく報酬の合意であっても，それは定款上の規定に基づいて定められた業務執行社員に対する報酬の枠内で行われるべきものであると考えられる。

⑷　職務執行者に対する報酬等に関する税務

　上記⑶の整理を前提に税務上の取扱いを検討する。

　まず，①合同会社が業務執行社員に対して報酬を支払い，さらに業務執行社員が職務執行者に対して給与等の報酬を支払う方法であれば，業務執行社員と職務執行者との関係に基づいて所得分類が決定される。例えば，職務執行者が業務執行社員の従業員であれば給与所得となり，職務執行者が外部専門家（税理士や弁護士等）であれば事業所得又は雑所得となろう。法務上，最も整理が単純な方法であり，税務上も同様である。

　また，②合同会社と職務執行者との間に契約関係を観念しないまま法人社員ではなく職務執行者に直接報酬を支払う方法についても，上記⑶アのとおり，合同会社は本来法人社員が支払うべき報酬を代わりに支払っているのみであるから，法人社員が直接報酬を支払う場合と，税務上の取扱いは異ならないと考えられる。なお，職務執行者において給与所得となる場合，合同会社と業務執行社員のいずれが源泉徴収義務を負うこととなるかが問題となる（所得税法183条1項）。実務上は，業務執行社員が源泉徴収義務を負っているものとして整理し，合同会社は職務執行者に対して源泉徴収後の金額を，業務執行社員に対

して源泉徴収相当額をそれぞれ支払うのが無難であると考えられるが，この方法は支払処理を一度で済ませることに主眼があると思われ，その趣旨を没却してしまう。また，社会保険料に関する徴収事務についても同様の問題が生じる。もし合同会社において源泉徴収義務があると整理する場合，合同会社において給与等支払事務所等の開設届出書（所得税法230条，所得税法施行規則99条）が必要になったり，もし職務執行者が業務執行社員から別の給与を得ている場合には確定申告が必要になったりする（所得税法121条1項参照）など，手続面に与える影響は無視できない。そのため，この方法では税務上（及び労務実務上）不安定さが残ることとなる。

　最後に，③合同会社と職務執行者との間で任用契約を観念する前提で，合同会社が直接報酬を職務執行者に支払う場合，基本的に当該任用契約に基づく報酬として所得分類が決せられる。この場合，合同会社が職務執行者を直接任用していると整理されることからすれば，基本的に自然人が業務執行社員となる場合と同様，職務執行者に対する報酬は給与所得に分類される可能性もあると考えられる。他方で，業務執行社員と職務執行者との間の契約が主たるものである以上，この契約に基づいて所得分類を検討すべき（結論として，原則は②の方法と同じとなるべき）との考え方もありうる。この点については，合同会社，業務執行社員，及び職務執行者それぞれの間の具体的な法律関係や事実関係を前提に，個別判断を行うほかないと思われる。

　実務上，職務執行者の所得分類が不安定となることは望ましくないことや，上記のとおり法律関係が複雑になることで源泉徴収や社会保険料に関する権利義務関係も不明確になることから，基本的には上記①又は③の方法で報酬の支払を行うことが望ましいと考えられる。

コラム⑬　グループ法人の中の合同会社と職務執行者

　上記のとおり，合同会社と職務執行者との間で何らかの契約関係を観念するかどうかは，法務上の整理だけでなく，税務上の整理としても重要である。

　職務執行者は，実務上，特に契約関係が入り乱れやすい部分でもある。例えばグループ会社の子会社として合同会社を設立する場合に，資本関係としては合同会社の社員がグループトップの会社（仮に「HD」と呼ぶ。）ではなく，グループ内の子会社（「グループ子会社」と呼ぶ。したがって合同会社は孫会社やひ孫会社等となる。）である事例も多い。この場合に，合同会社のマネジメントに関してはグループ子会社が業務執行を担うこととなるが，人事関係についてはHDが管理したい場合も多い。

　こうした場合に，HDや別のグループ子会社から合同会社に従業員を「派遣」（通常は出向である。）して，その従業員を職務執行者とする事例も見られる。このとき，当該従業員がまずどの法人との雇用契約下に入るのか（業務執行社員であるグループ子会社なのか合同会社なのか等），雇用契約関係を前提に誰が「給与」（この場合には職務執行者としての対価も含まれよう。）を払うのか，その場合の法律上の整理はどうなるのか，そしてそれに伴って税務上の取扱いはどうなるのか，という点が問題となるのである。また，外部から経営者を招聘して職務執行者とする場合でも，やはりどの法人が雇用者となるのか，といった問題が生じることとなる。

　グループ内子会社として合同会社を利用する場合，株式会社である子会社とは全く異なった視点が必要になるため，注意が必要である。

Ⅱ　機　関

1　「機関」とは

　会社法上「機関」とは，会社法上には定義が置かれていないが，一般に，「会社は法人であって，会社の組織上一定の地位にあり，一定の権限を有する自然人の意思決定または行為を，会社の意思または行為として認めることとなり，そのような会社の組織上の存在を機関とよぶ」等とされている[76]。しかしながら，「機関」といっても論者によって用語法が異なり，またその定義を論じる実益は乏しいともいわれている[77]。

　本書においても「機関」を正確に定義することはせず，会社法上一定の地位を与えられた業務執行社員及び代表社員のほか，合同会社の定款において規定された意思決定に関与する役職や会議体を合同会社における「機関」として，以下で検討する。

2　株式会社と合同会社における機関

(1)　株式会社の機関

　まず株式会社においては，会社法第2編第4章以下において「機関」に関する規定が置かれている。

　具体的には，株主総会，取締役，代表取締役，会計参与，監査役，会計監査人をはじめとして，役員及び会議体に関する規定が用意されている。

(2)　合同会社の機関

　これに対して，会社法においては，業務執行社員及び代表社員のほか，合同会社の機関について特段の規定は置かれておらず，定款で自由に規定すること

76　会社法コンメ(7)5頁［岩原紳作］参照
77　田中・会社法143頁

ができる（会社法577条）。例えば，任意の機関として社員総会を置いたり，業務執行社員による会議体を設置したりすることで，株式会社と同様の設計とすることも可能である。実務上，社員総会を置く例は散見され，株主総会と同様の権限，すなわち役員（業務執行社員）選解任や，組織再編等の一定の重要な行為の承認，計算書類の承認等を行う権限を与えている事例等が見られる[78]。

さらに，特定の業務執行社員に別の役職を付与し，こうした特定の役職者のみによる会議体を設置したり，業務監査を行う役職を設置したりすることもまた可能である（例えば業務執行社員に「理事」，代表社員に「代表理事」の役職を付与し，理事らにより構成される「理事会」を設置する等である。）。ただし，こうした役職や機関はあくまで事実上のものであり，登記上は業務執行社員や代表社員として表示され，また任意に設置した会議体の存在が登記に顕れることもない。

もし合同会社の社員でない者に役職を付与する場合，取引相手に対して自己が社員であると誤認させたときは，当該者は，取引相手に対して，誤認させた責任の範囲内で合同会社の債務を弁済する責任を負うが（会社法589条2項），表見代理等の要件を満たすときには，無権代理人の責任追及も可能である（民法117条1項）。

3　合同会社の機関に関する実務上の留意点

合同会社に上記のような機関を設置する場合，株式会社の規定を参照しながら類似の規定を設けることも多い。しかしながら，もし株式会社と完全に同じ規定にするのであれば，先行事例（裁判例等）が豊富にある株式会社を利用するほうが実務上の安定度は高い。すなわち，合同会社で株式会社に関する規定と同一の規定を採用しても，両者の性質の違いや，他に適用される会社法上の規定が異なること，ある規定の解釈は他の規定との関係で解釈されうること等

---

[78]　例えば江頭憲治郎編著『合同会社のモデル定款－利用目的別8類型－』236頁以下（商事法務，2016年）参照。「社員総会」という名称から，一般法人法35条以下を参照することも考えられるが，一般法人（一般社団法人及び一般財団法人）は営利法人ではないため留意が必要である。

から，株式会社の場合と全く同じように解釈されるとは限らず，予測可能性が担保されにくいのである。

　なお，業務執行社員や代表社員が，定款で定めた機関による意思決定手続を経ずにした業務執行であっても，対外的には原則として有効であり，相手方が適切な機関決定を経ていないことを知り，又は知ることができた場合に限り，合同会社はその行為の無効を主張できることとなる（上記Ⅰ1(4)参照）[79]。

　ところで，職務執行者は業務執行社員内部の機関決定や内部統制システムに従うことも多い。例えば，一定の業務執行を行う場合には業務執行社員たる法人内部での決裁を求めること等である。このような場合に，こうした意思決定の仕組みを（業務執行社員内部だけでなく）合同会社の定款においても記載すべきかどうかが問題となることがある。これに関しては，そうした意思決定の，仕組みはあくまで業務執行社員自身の内部規則や職務執行者との間の契約において定めるものであり，合同会社の定款で定める性質のものではないと考えられる。ただし，あえて定款においてこうした事項を記載したとしても，その効力を否定する必要もないであろう。

---

[79]　江頭憲治郎ほか「合同会社等の実態と課題〔上〕」旬刊商事法務1944号19頁（2011年）〔江頭発言〕

コラム⑭　合同会社の機関設計

　上記のとおり，そもそも株式会社と同様の機関設計とするのであれば，株式会社を利用すればよい事例も多い。そうなると機関設計にのみ着目する場合，株式会社の機関設計を離れて事業運営を行いたい場合に，合同会社の需要がより高まることとなる（実際には複合的な要素を踏まえて決定されることとなるが，この点については第 9 章で詳述する。）。例えば，業務執行社員を理事と定め，理事会を設置する一方，監査役のような立場の役職を設けないような場合である。

　機関設計以外の理由で合同会社を選択する場合で，運営の安定性の観点から株式会社と全く同一の機関設計を目指すこともももちろんできるが，どこまでいっても解釈により株式会社の場合と異なった結論となる可能性は排除することは難しい。例えば，株主総会と同一の権限を有する社員総会に関する規定を置き，各社員の議決権を出資額 1 円当たり 1 個と設定しても，議決権の個別行使ができるかどうかは明らかではないし，社員総会招集手続に違反があった場合の効果がどうなるかも不明確である。委任状はどうなるのか，社員総会で各社員は質問権を持つのか，事業報告は必要なのか，必要だとしてどの程度の報告が求められるのか……等，論点となりうる事項を挙げれば枚挙に暇がない。そして裁判例は，一般に，会社法の規定の趣旨や，他の条項との関係から解釈を行っているが，合同会社に関する会社法の規定がそもそも異なっている以上，結論として株式会社の場合の取扱いと異なることも当然に想定される，というわけである。

　合同会社であっても株式会社とほぼ同様の機関設計も可能であると説明されることもあるが，全く同一の結果をもたらすような機関設計は難しいという点には自覚的である必要があろう。

第 6 章

計 算

　本章では合同会社の「計算」について取り扱う。

　株式会社における計算の規定と最も異なるのが純資産の部に関する規定である。そのほか，合同会社の計算に関して実務上問題となる点としては，計算書類の作成，承認及び保存，利益の配当，出資の払戻し及び持分の払戻し，資本制度の差異等がある。すでに触れている論点も多いが，そうした論点についても，改めて本章で触れることとする。

Ⅰ　合同会社の会計の概要

1　会計の原則と会計規制

　株式会社の場合，会社法第2編第5章において，合同会社の場合，会社法第3編第5章において，計算に関する規定が置かれている。そして会計の原則について，株式会社の場合も合同会社の場合も，「一般に公正妥当と認められる企業会計の慣行」に従うものとされている（会社法431条，614条）。

　この「一般に公正妥当と認められる企業会計の慣行」は，企業会計審議会による「企業会計原則」をはじめとする会計基準であるとされる[1]。例えば，日本税理士会連合会，日本公認会計士協会，日本商工会議所，及び企業会計基準委員会による「中小企業の会計に関する指針」（最終改正2021年8月3日）において，当該指針の適用対象に関し，合同会社についても当該指針に拠ることが推奨されるものとしている。そして，当該指針についても「一般に公正妥当と認められる企業会計の慣行」に当たるものと考えられている[2]。なお，あくまで「慣行」であるため，必ずしも成文化されている必要はないともされる[3]。

　合同会社についての会計規制は，会社法及び会社計算規則に基づくが，こちらも基本的な内容は株式会社と同様である。株式会社と異なる点としては，例

1　会社法コンメ⒂6頁以下［岸田雅雄］
2　論点体系会社法⑷490頁［和田宗久］
3　会社法コンメ⑽62頁［尾崎安央］

えば，①資本金の取扱いに関する規定（会社法445条等），②計算書類の承認・公告に関する規定（会社法438条 2 項，440条等），③資本金を原資とする分配に関する規定（会社法624条 1 項等），④資本金減少に関する規定（会社法626条），⑤社員資本に関する事項（会社計算規則30条以下）等がある。

　なお，令和 2 年度税制改正において連結納税制度に代わって創設されたグループ通算制度との関係においても，株式会社と合同会社とで特に扱いは変わるものではない。すなわち，グループ通算制度における親法人は内国法人である普通法人又は協同組合等のうち一定の範囲のものが除かれているところ（法人税法64条の 9 第 1 項柱書），「普通法人」とは公共法人，公益法人等及び協同組合等以外の法人をいうことから（法人税法 2 条 9 号），合同会社は当然ここに含まれることとなる。また，グループ通算制度における子法人も，親法人との間に親法人による完全支配関係がある内国法人とされていることから（法人税法64条の 9 第 1 項柱書），やはり合同会社も当然にこれに含まれる。したがって，合同会社はグループ通算制度における親法人にも子法人にもなりうる。そして，親法人又は子法人が合同会社である場合について別段のルールは定められていない。

2　計算書類の承認・公告

⑴　計算書類の承認

ア　作成が求められる計算書類

　株式会社及び合同会社は，適時[4]に正確な会計帳簿を作成しなければならず（会社法432条 1 項，615条 1 項），取締役又は業務執行社員が，各事業年度における計算書類を作成し，これを10年間保存しなければならない（会社法435条，617条）。

　合同会社における計算書類とは，貸借対照表，損益計算書，社員資本等変動

4　これについては確定申告時にまとめて記帳することは認められないとされている（奥島孝康ほか編「新基本法コンメンタール会社法 3 ［第 2 版］」別冊法学セミナー239号43頁（2015年）［青竹正一]）。

計算書及び個別注記表である（会社計算規則71条1項2号）。それぞれの計算書類の記載事項等に関しては，会社計算規則第3編第2章以下に規定が置かれているが，その建付け及び内容については両者の間で大きく異なるところはない。

イ　計算書類の承認手続

　株式会社と合同会社における手続上の違いとして，まず計算書類の「承認」及び「確定」手続が挙げられる。すなわち，株式会社においては，取締役が計算書類を定時株主総会へ提出し，その承認を得なければならず，また事業報告についてその内容を報告しなければならない（会社法438条）。この承認の結果，計算書類は「確定」することとなる[5]。

　これに対して，合同会社の場合，計算書類の承認手続について，法令上に規定はない。計算書類の作成は合同会社の業務執行に当たると考えられることから，基本的に業務執行社員がこれを作成することになる。業務執行のデフォルトルールによれば，業務執行は業務執行社員の過半数によって行われることから（会社法590条2項，591条1項），これによって計算書類が承認され，確定すると考えるべきであろう[6]。ただし，これとは異なり，合同会社の定款に定めることにより，株式会社と同様に社員総会の承認を求めることもできると考えられる。

　なお，合同会社の意思決定に関して議事録等の書面を作成する法律上の義務はないため，例えば，業務執行社員の過半数により計算書類を承認する必要がある場合でも，書面による同意がなくとも，財務を担当する業務執行社員が計算書類を作成し，これに対して特に他の業務執行社員が異議を述べないまま代表社員が確定した計算書類をもとに確定申告を行ったような場合には，他の業務執行社員による黙示の合意があったとして，遅くとも確定申告書類の作成が完了した時点において，計算書類が確定したものと考えることもできるように思われる。他方で，定款において社員総会による承認を求めている場合には，

5　会社法コンメ(10)378頁［片木晴彦］
6　森本滋編『合同会社の法と実務』46頁参照（商事法務，2019年）

社員総会を適法に開催し社員の過半数による承認があったときのほか，その開催がなくとも全社員の合意があると認められる特段の理由があるとき[7]には，計算書類の承認があったこととなろう。もちろん，意思決定の証拠化の観点や，社会保険関係等の手続（例えば法人役員に係る資格取得届等）の観点から，実務上，合同会社の場合でも社員同意書や社員決議等の関係書類を作成しておくことが望ましいことはいうまでもない。

ウ　税務上の留意点

ところで，法人税法のいわゆる確定決算主義との関係から，合同会社においても法定納期限までに計算書類を確定させておく必要がある（法人税法74条1項）。そのため，定款において特に計算書類の承認手続を定めていない場合には，原則として，上記のとおり，確定申告書類の内容確定時点において計算書類が確定しているものと思われるが，社員総会による承認が求められている場合には，社員総会の承認決議か，社員の全員の同意がない限り，確定した決算に基づいていないものと扱われるリスクが生じることとなる。

また，法人税の確定申告期限は事業年度終了の日の翌日から2か月以内とされているが（同項），申告書を提出すべき法人が，定款等の規定により，各事業年度の決算についての定時総会が招集されない常況にある場合には，1か月の確定申告書の提出期限の延長が認められている（法人税法75条の2第1項）。このことを踏まえると，確定申告までに3か月の期間を確保しておく必要がある場合には，定款において，計算書類の確定方法（社員総会における多数決の承認等）に加え，承認の期限を事業年度終了の日の翌日から3か月以内等と定めておくことが望ましい。

ただし，たとえ定款において3か月以内の期限を定めたとしても，単に業務執行社員の過半数による承認を求めるのみであれば，通常，業務執行社員による決議を2か月以内に行うことは十分可能であると考えられるため，「定時総

---

[7]　社員総会の招集手続等を定款に定めた場合でも，全社員の同意があるときにはその招集手続又は社員総会の開催そのものを省略することができるものと思われる（会社法300条，319条参照）。

会が招集されない常況」にあるとは認められない可能性がある点には留意を要する（このような申告期限の延長は，原則として，基準日と権利行使との間が３か月を超えることができず，さらに株主総会の招集に２週間以上を要する株式会社（とりわけ監査役や会計監査人における会計監査が必要な場合（会社法438条１項参照））を想定していると考えられるところ，合同会社では，このような制約は定款で定めない限り存在しないのである。）。実務上，確定申告期限の延長が認められない事例は多くないと考えられるが，延長を行う根拠については十分に揃えておく必要があろう。

(2)　計算書類の公告・閲覧請求

　株式会社は，定時株主総会の終結後遅滞なく，貸借対照表（大会社の場合はこれに加えて損益計算書）を公告しなければならず，これを怠ったときには，取締役等に対して100万円以下の過料が科される（会社法440条，976条２号）。実務上は決算公告を行っていない株式会社が多いのが実情であるが，だからといってこうした過料が科されないこととなるものではない。

　これに対して，合同会社においては，計算書類の公告義務はない。

　なお，株式会社（会社法442条）と同様，合同会社の社員は営業時間内であればいつでも計算書類の閲覧を請求することができる（ただし，定款において事業年度の終了時に限ることができる。）（会社法618条）とされているが，合同会社の債権者も，同様に，作成後５年以内の計算書類の閲覧を請求することができるとされている（会社法625条）。

　そのため，決算公告が不要であるからといって，合同会社の計算書類を完全に秘匿しておくことができるわけではない。

　以上，上記(1)及び(2)をまとめると**図表６−１**のとおりとなる。

【図表6－1】　計算書類の承認・公告

	株式会社	合同会社
計算書類の作成	取締役	業務執行社員
計算書類の監査	監査役・会計監査人	規定なし
計算書類の承認	株主総会	規定なし
計算書類の公告	必　要	不　要
計算書類の閲覧	株主・債権者	社員・債権者

Ⅱ　利益の配当，出資の払戻し，持分の払戻し

1　利益の配当

⑴　利益の配当に関する原則ルールと剰余金の配当との比較

　合同会社の利益配当の仕組みは，すでに第3章で触れたとおりである。すなわち，合同会社において発生した各期の損益は，各社員の出資金額又は定款の規定に基づいて各社員に分配され，各社員はこの金額の範囲内で，合同会社に対して利益の配当を請求することができるというのがデフォルトルールである（会社法621条，622条1項）。

　以下に，第3章の図表3－2を再掲する（**図表6－2参照**）。この事例では，第3期終了時点において，社員Aは60，社員Bは30の利益配当を，合同会社Xに対して請求することができる。そして，これに伴って利益剰余金が減少することとなる（会社計算規則32条2項4号）。

　なお，株式会社の場合，純資産額が300万円を下回る場合には剰余金の配当ができないほか，資本準備金及び利益準備金の合計額が資本金の額の4分の1に至るまで，配当額の10分の1をその他資本剰余金又はその他利益剰余金から資本準備金又は利益準備金に振り替えなければならない（準備金積立て義務）（会社法458条，445条4項，会社計算規則22条）[8]。こうした純資産額に基づく配当規制が時に小規模な法人が配当を行う際の制約となることがあるが，合同会社

【図表6－2】　損益分配と利益配当の具体例

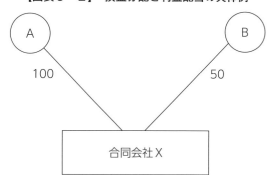

	合　計	社員A	社員B
第1期損益	30	20	10
第2期損益	90	60	30
第3期損益	▲30	▲20	▲10
損益合計	90	60	30

にはこのような規制は存在していない。

　このような仕組みにより，種類株式類似の制度を設ける場合や新規出資を受け入れる場合に有利発行・不利発行の問題を生じたり，持分の取引価格を誤って算定してしまったりしないよう，実務上留意が必要となる点については，それぞれ第3章Ⅵ及び第4章Ⅰ3を参照されたい。

⑵　利益の配当における規制と責任

　合同会社の利益の配当にあたっては，利益の配当により交付する金銭等の帳簿価額が，利益の配当をする日の「利益額」を超えることはできないとされている（会社法628条）。ここで「利益額」とは，①利益の配当をした日の利益剰余金の額と，②利益配当の請求をした社員に対してすでに分配された利益の額から，当該社員に対してすでに分配された損失と当該社員に対してすでに利益

8　詳細については森・濱田松本法律事務所編『会社の計算［第3版］』249頁（中央経済社，2022年）参照

の配当として交付された金銭等の帳簿価額の合計を減じた額の, いずれか少ない額をいう (会社計算規則163条)[9]。①の規制は合同会社の債権者との関係における財源規制であり, ②は利益の配当を巡る社員間の利害調整であるとされている[10]。

第3章Ⅲ3で検討したとおり, 合同会社における社員の配当請求権は定款で制約しておくことも考えられるが, たとえ株式会社と同じ配当の仕組みを採用したとしても, 株式会社と同じように利益剰余金のみに着目すればよいのではなく, 各社員に対して分配された損益や過去の利益の配当についても留意しておく必要がある[11]。

利益の配当に関する上記制限に違反して利益の配当をした場合は, 当該利益の配当に関する業務を執行した社員と, 利益の配当を受けた社員とは, 連帯して, 配当額相当額の金銭を合同会社に対して支払わなければならない (会社法629条1項本文)。ただし, 当該業務を執行した社員にあっては, 過失がなかったことを証明すればこの義務を免れる (同項但書)。

なお, 利益の配当を行った日における利益剰余金の額を限度として, 総社員の同意により, この義務を免除することができる。上記のとおり, 上記①の額 (すなわち利益剰余金の額) は合同会社の債権者を保護する趣旨であることから, 総社員の同意によっても利益剰余金を超える利益の配当について返還義務を免除することはできないが, 上記②の額については, あくまで社員間の利害調整を趣旨とすることから, 総社員の同意により免除できることとされたものである[12]。

---

9 利益の分配割合と損失の分配割合とが同一である場合がほとんどであることからすれば, 通常は①の額のほうが大きくなる。

10 会社法コンメ⒂99頁［松尾健一］

11 なお, 会社計算規則163条2号においては「利益の配当の請求をした社員」が前提とされており, 合同会社の規定により合同会社の決定に基づいて利益の配当を行う場合には当てはまらないようにも見えるが, 合同会社においては特定の社員に対してのみ利益の分配を行うことや, 利益の分配割合と損失の分配割合とを異なって定めることができる以上, 各社員における利害調整の必要性については特に変わることはないため, 仮に「利益の配当の請求」がなかったとしても, 上記の配当額規制は等しく及ぶものと考えられる。

2 出資の払戻し・持分の払戻し

出資の払戻しとは，社員の請求に基づいて，すでに出資として払い込まれた金銭等を払い戻すことをいい（会社法624条），持分の払戻しとは，社員の退社に伴って，当該社員の出資額と当該社員に帰属した損益を払い戻すことをいう（会社法611条）。

これらの詳細については第4章のとおりであるが，簡単にまとめると，株式会社における資本剰余金原資の剰余金の配当が合同会社における出資の払戻しに，自己株式取得が持分の払戻しに，それぞれ類似しているといえる。出資の払戻しに伴って資本金又は資本剰余金が減少し（会社計算規則30条2項2号，31条2項2号），持分の払戻しに伴って資本金又は資本剰余金が減少し，利益剰余金が変動することとなる（会社計算規則30条2項1号，31条2項1号，32条1項2号・2項2号）。

この場合において，税務上はみなし配当課税に留意が必要となるが，これについても第4章Ⅱ2(2)，Ⅲ4を参照されたい。

Ⅲ 合同会社の資本制度

1 払込資本の取扱い・資本金と資本剰余金

⑴ 払込資本の取扱い

払込資本の取扱いについては，実務上，合同会社が選択される理由となる点の一つである。

まず株式会社の場合，新たに出資の払込みを受けたときは，原則として当該払込金額の分だけ資本金を増加させることとなるが，当該払込金額のうち2分の1を超えない範囲内で，資本金ではなく資本準備金として計上することがで

12　会社法コンメ⒂102-103頁［松尾健一］

きる（資本金組入規制。会社法445条1項・2項）。例えば、株式会社Yが100の払込みを受けた場合、株式会社Yは50〜100の範囲で資本金を増加させ、残額分だけ資本準備金を増加させることとなる。実務上は、以下で見る登録免許税の関係から、最低額を資本金に組み込み、残額を資本準備金に計上している事例が多く、2分の1を大きく超えて資本金に計上するのは特別な理由がある場合（例えば、会社法上の大会社となる場合、業法上一定額以上の資本金が求められる場合、下請法上の下請事業者に該当しないようにする場合など）に限られている。

　これに対して、合同会社が新たに出資を受ける場合、合同会社は増加する資本金の額を任意に決定することができ、資本金に計上されなかった額については全額が資本剰余金として計上される（会社計算規則30条1項1号、31条1項1号）。例えば、合同会社Xが100の払込みを受けた場合、合同会社Xは0〜100の間の任意の金額で資本金を増加させ、残額分だけ資本剰余金を増加させることとなる。ただし、下記に見るように、合同会社の場合、資本金の減少（いわゆる減資）が自由にできるわけではないため注意が必要である。

(2)　登録免許税への影響

　実務上、株式会社と合同会社の払込資本の取扱いの違いが最も表れるのが登録免許税である。資本金の額については、株式会社も合同会社も登記事項であるため（会社法911条3項5号、914条5号）、資本金の額に変動があった場合には変更登記が必要となる（会社法915条1項）。

　そして、資本金の額が増加する場合の登録免許税の額は、増加する資本金の額の0.7％（ただし、最低額は3万円）とされているため（登録免許税法9条、別表第一第24号(1)ニ）、株式会社においては最低でも出資金額の0.35％（＝0.7％×1／2）分の登録免許税を負担する必要があるのに対し、合同会社の場合、資本金を増加させないことで、そもそも変更登記すら不要とすることができる（なお、設立登記の場合には資本金の額を低額に抑えておくことも多い。）。なお、このように資本金の増加額を調整したとしても、税務上の資本金等の額には影響しないのは、株式会社の場合と同様である（法人税法2条16号、法人税法施行令

8条1項1号)。

　こうした点を捉えて合同会社が選択される事例は実務上多く見られる。しかしながら，すでに見てきたとおり，株式会社と合同会社との法律上及び税務上の差異は少なくなく，実際に合同会社を管理運営する中で思わぬリスクを生じさせる可能性がある。したがって，法人形態の選択については，両者の差異を踏まえて慎重に検討されることが望ましい。

(3)　払込資本の内訳の変更

　ところで，各社員が合同会社に払い込んだ出資に関しては，資本金の額の総額に変更がない限り，資本金と資本剰余金の内訳を変更することができる[13]。

　この場合に，合同会社においてどのような意思決定が必要となるかが問題となるが，これについては，合同会社の会計上の処理であることから，業務執行社員による決定で足りると考えることもできる（会社法590条2項）。しかしながら，資本金と資本剰余金の内訳の変更は，単に会計上の内訳が変更になるというだけではなく，資本剰余金が資本金に振り替わった社員については，出資の払戻しの限度額という，まさに持分の内容を構成する権利にも影響するものであるから，仮に業務執行社員の過半数の同意により行うことができると考える場合であっても，これに加えて資本剰余金が資本金に振り替わる社員の個別の同意が必要となると考えるべきである[14]。

2　準備金制度

　準備金は，株主への財産流出を抑えて会社債権者を保護するためのものとされている[15]。株式会社の場合，上記のとおり出資金額のうち半分までを資本準備金に計上することとなり，その他資本剰余金に計上するには資本金又は資本準備金を減少させる必要がある（会社法447条1項，448条1項，会社計算規則27

13　相澤・立案担当省令175頁
14　相澤・立案担当省令169頁参照
15　田中・会社法442頁

条1項1号・2号)。また，上記Ⅱ1のとおり，株式会社が剰余金の配当をする場合には，その配当によって減少する剰余金の額の10％をその原資に応じて資本準備金又は利益準備金として計上しなければならない（準備金積立て義務）（会社法445条4項)。

　これに対して，合同会社においては，こうした準備金の制度は存在していないため,そもそも準備金が計上されることはない（会社計算規則30条〜32条参照)。したがって，上記のとおり払い込まれた金額のうち資本金に計上されない部分は全額が資本剰余金に計上され（会社計算規則31条1項1号)，また，株式会社が合同会社に組織変更する場合にも，計上されていた資本準備金又は利益準備金はすべて資本剰余金又は利益剰余金に振り替わることとなる（会社計算規則33条2号・3号)。

3　資本金の額の増加

　上記のように，新たな払込みを受けることにより合同会社の資本金を増加させることができるが，そのほかにも，株式会社であれば，株主総会決議を経ることにより，準備金（資本準備金若しくは利益準備金をいう（会社法445条4項))又は剰余金（その他資本剰余金若しくはその他利益剰余金）を減少して，資本金を増額することができる（会社法448条1条2号，450条1項)。

　他方，合同会社は，資本剰余金の額を減少させることにより資本金の額を増加させることができるが（会社計算規則30条1項3号，31条2項4号)，利益剰余金を資本剰余金に振り替えることはできないと考えられることから[16]，利益剰余金を資本金に振り替えることもできないと考えられる。なお，株式会社と異なり，資本剰余金は配当原資となるものではなく，また社員間での分配割合にも直接影響を与えるようなものでもないことから，資本剰余金を資本金に振り替える場合，総社員の同意は要せず，通常の業務執行と同様の意思決定手続（すなわちデフォルトルールにおいては業務執行社員の過半数の同意）を経れば足

16　相澤・立案担当省令169頁

りると考えられるが，一定の留意が必要である（上記1(3)参照）[17]。

こうした株式会社と合同会社の違いは，株式会社と合同会社の純資産の部における各科目の考え方やそれぞれの用いられ方の違い（配当原資になるか等）に基づいているものである（**図表6-3**参照）。

なお，資本金の額を増加させる場合，当然ながら資本金の額に変動があるため，変更登記が必要となる。

【図表6-3】 純資産の部における振替え（資本金増加）の可否

株式会社	準備金⇒資本金	○（株主総会決議）
	剰余金⇒資本金	○（株主総会決議）
合同会社	準備金⇒資本金	×（準備金が存在しない）
	資本剰余金⇒資本金	○（業務執行社員の過半数）
	利益剰余金⇒資本金	×

4 資本金の額の減少

(1) 資本金の額の減少の可否

株式会社の場合，債権者保護手続を経ることにより，株主総会の決議に基づいて，資本金又は資本準備金の額を減少することができる（いわゆる減資。会社法447条〜449条）。ここでの債権者保護手続は，官報公告と知れている債権者に対する個別催告であり，異議申述期間は1か月を下回ることができない（会社法449条1項・2項）。ただし，官報公告に加えて，定款で定める方法により日刊紙又は電子公告により公告を行ったときは，個別催告を省略することができる（会社法449条3項）。

これに対して，合同会社の場合，損失のてん補，出資の払戻し又は持分の払戻しのために限って，債権者保護手続を経て，資本金の額を減少することができるにすぎない（会社法620条1項，626条1項，627条）。ここでの債権者保護手

---

17 松井・ハンドブック706頁においても「業務執行社員の過半数の一致により，いつでも資本剰余金を資本金に組み入れることができる」としている。

続は，上記株式会社における債権者保護手続と同様である（会社法627条）。

⑵　減少額に関する制限

　損失てん補のための減資にあたっては，以下のいずれか少ないほうの金額が限度となる（会社法620条2項，会社法施行規則159条3号，会社計算規則162条）。

　①　0から，減資する日における資本剰余金と利益剰余金の合計額を減じた額

　②　減資する日における資本金の額

　例えば，合同会社Xの資本金，資本剰余金及び利益剰余金が**図表6－4**のとおりである場合，減資の限度額はそれぞれ下記のとおりである。

【図表6－4】　損失てん補のための減資の限度額

	資本金	資本剰余金	利益剰余金	限度額
ア	100	0	▲40	40
イ	10	1,000	▲900	0
ウ	10	40	▲100	10

　上記数値例からも明らかなとおり，損失てん補のための減資においては，利益剰余金のマイナス金額が資本剰余金の額を超過していない限り認められず（上記イ），また資本金の額を負にすることはできない（上記ウ）。なお，損失てん補のための減資を行う場合，減少する資本金の分だけ資本剰余金の額が増加することとなる（会社計算規則31条1項4号）。

　また，株式会社の場合と同様，合同会社の場合も，利益剰余金がマイナスである場合，資本剰余金がプラスであれば，資本剰余金を利益剰余金に振り替えることができるとされている（会社計算規則31条2項6号，32条1項3号）[18]。例

18　企業会計基準第1号「自己株式及び準備金の額の減少等に関する会計基準」61項においては，「負の残高になった利益剰余金を，将来の利益を待たずにその他資本剰余金で補うのは，払込資本に生じている毀損を事実として認識するものであり，払込資本と留保利益の区分の問題にはあたらないと考えられる。」としている。また，相澤・立案担当省令168頁も参照。

えば，図表6－4における上記アの事例において，40だけ資本金を減少させる場合，資本剰余金が40だけ増加することとなる。そして，この資本剰余金を利益剰余金に振り替えることにより，利益剰余金の額を0とすることができることとなる。

　株式会社においては，実務上，外形標準課税や中小企業者該当性等の理由から，（会社法上必要となる手続を経て）資本金の額を任意に減少することがあるが，合同会社の場合にはこのような減資が許されず，（出資の払戻し又は持分の払戻しを伴わない場合）上記のとおり損失てん補による減資を行うほかないため，特に利益剰余金の額がプラスとなっている会社においては減資が難しく，いったん増加した資本金をなかなか減少できない事態に陥る可能性がある。資本金等の額を増加させる際には十分な注意が必要である。

第 7 章

組織再編・組織変更

本章は，合同会社が当事者となる組織再編と組織変更について扱う。なお，一般に，合併，会社分割，株式交換，株式移転及び株式交付を総称して「組織再編」と呼び[1]，本章でもこれに倣うこととするが，これに加えて事業譲渡についても触れることとする。

なお本章では，紙幅の関係もあることから，合同会社同士又は株式会社との組織再編についてのみ取り扱う。

I　組織再編・事業譲渡

1　合同会社が当事者となる組織再編

合同会社は，合併及び会社分割の当事者並びに株式交換完全親会社となることができるが（会社法748条，757条，762条，767条），「株式」を発行するものではないこと，また，仮に株式移転完全親会社となることを認めたとしても，結局，完全子会社となる会社の株式を現物出資して合同会社を設立する場合に必要となる手続との間に差異が生じず，あえて株式移転の当事者とする必要がないこと等から，株式交換完全子会社及び株式移転の当事者となることができない（会社法767条，772条1項）[2]。さらに，合同会社は株式交付の当事者となることもできない（会社法2条32号の2）[3]。

合同会社の組織再編に関してまとめると，**図表7－1**のとおりとなる。

1　例えば田中・会社法645-646頁
2　相澤・立案担当183頁
3　会社法2条32号の2は「株式会社が他の株式会社をその子会社［中略］とするために当該他の株式会社の株式を譲り受け，当該株式の譲渡人に対して当該株式の対価として当該株式会社の株式を交付すること」と規定しており，株式交付親会社も株式交付子会社も株式会社であることが前提とされている。

【図表7-1】　合同会社の組織再編に求められる承認手続等

合併存続会社	総社員の同意（802条1項1号） ※ただし，消滅会社の株主等に合同会社の持分が交付されない場合，通常の業務執行決定で足りる
合併消滅会社	総社員の同意（793条1項1号）
分割会社 （吸収分割・ 新設分割）	事業に関して有する権利義務の全部を他の会社に承継させる場合： 　総社員の同意（793条1項2号） それ以外の場合：通常の業務執行決定
分割承継会社 （吸収分割）	総社員の同意（802条1項2号） ※ただし，分割会社の株主等に合同会社の持分が交付されない場合，通常の業務執行決定で足りる
株式交換 完全親会社	総社員の同意（802条1項3号） ※ただし，株式交換完全子会社の株主等に合同会社の持分が交付されない場合，通常の業務執行決定で足りる
株式交換 完全子会社	合同会社は当事者となることができない
株式移転	
株式交付	
事業譲渡	通常の業務執行決定

2　組織再編に必要となる手続等

　合同会社が組織再編の当事者となる場合，組織再編契約又は計画を締結し又は作成しなければならない。すなわち，吸収合併，吸収分割又は株式交換の場合にはそれぞれ吸収合併契約，吸収分割契約又は株式交換契約を締結しなければならず，新設合併又は新設分割の場合には，それぞれ新設合併契約又は新設分割計画を作成しなければならない（会社法751条，755条，760条，765条，770条）。

　それぞれの内容は株式会社が存続等する場合のものと合同会社が存続等する場合のものとで基本的に同様であるが，一部異なっている点に留意が必要となる。例えば，吸収合併契約においては，吸収合併消滅会社の株主又は社員が吸収合併存続持分会社（合同会社）の社員となる場合には，社員の氏名又は名称及び住所並びに出資の価額を記載する必要がある（会社法751条1項2号ハ）。

　また，合同会社は，効力発生日までに，組織再編契約又は計画について一定の承認手続を経る必要がある（図表7－1参照）。ただし，定款において別段の定め（業務執行社員の多数決等）を置くことも可能であるため，承認手続を緩和させておくことも考えられる。基本的な考え方としては，原則として総社員の同意が必要となるが，合併存続会社，分割承継会社及び株式交換完全親会社となる場合，新たに合同会社の社員となる者がいない（合併消滅会社等の株主等が合同会社の社員とならない）ときには，通常の業務執行で足りるものとされており，また，分割会社となる場合でも，その事業に係るすべての権利義務を承継させるときに限り総社員の同意が必要となる。

　なお，合同会社が組織再編の当事者になる場合において，合同会社は事前及び事後備置書類の作成を原則として義務付けられていないものの，吸収分割承継株式会社や新設分割設立株式会社は，吸収分割合同会社や新設分割合同会社と共同して事後備置書類を作成しなければならない（会社法801条2項，815条2項）。

　そのほか，原則として債権者保護手続が必要となる点は株式会社の場合と同様である。具体的な債権者保護手続の内容は，減資の場合に必要とされるものと基本的に同様である（第6章Ⅲ4参照）。他方で，合同会社の場合には，株式会社におけるような株主による差止請求権や反対株主の買取請求権と類似する制度は設けられていない（会社法793条2項，802条2項，813条2項）。

3　事業譲渡に必要となる手続等

　株式会社の場合，事業の全部又は重要な一部（一定の子会社株式を含む。）を譲渡するとき，他の会社の事業の全部を譲り受けるとき等には，原則として株主総会の特別決議を経る必要がある（会社法467条1項各号，309条2項11号）。

　他方，合同会社の場合，会社法上，総社員の同意等の特別な手続は定められておらず，定款に別段の定めを置かない限り，事業譲渡も事業譲受けも通常の業務決定で足りる[4]。

　以上からすると，合同会社の場合，ある取引が「事業」譲渡に該当するかに

ついての検討は特段要さないように見えるが，合同会社の定款において，事業譲渡又は事業譲受けに際して特別の手続（総社員の同意や業務執行社員全員の同意等）を定めた場合はもちろん，詐害事業譲渡に係る債務の履行請求（会社法23条の2）をはじめとする事業譲渡及び事業譲受けに関する規定（会社法第1編第4章）は，合同会社であっても適用される。したがって，「事業」譲渡該当性の検討は，合同会社の場合であっても変わらず必要となる。

　なお，会社分割における分割会社の手続については，「分割会社の社員に与える影響は通常の事業譲渡と同様であるといえることから，原則として，総社員の同意は不要であるが，権利義務の全部を承継させる場合には，合併に類似する効果が生ずることから，例外的に，総社員の同意を必要としている」[5]などと説明されている。しかしながら，事業の全部が対象となる事業譲渡の場合については，会社法上は特段の規定が置かれていないことから，通常の業務執行決定で足りることとなると考えられるため，これを踏まえると，分割会社におけるこのような手続の相違に関する上記説明は整合性を欠くように感じられる[6]。法文上明確に総社員の同意等が求められているものではないため，事業の全部が対象となる事業譲渡に際して，実務上も通常の業務執行で済ませている事例が多いと考えられるが，後の紛争を避ける意味でも，念のため総社員の同意を得ておくことが望ましい[7]。

4　組織再編税制等の税務上の論点

　いわゆる組織再編税制やグループ法人税制の適用関係については，株式会社と合同会社とで，基本的に差異はない。

　以下では，合同会社の場合に，特に留意すべき点を2点だけ挙げておく。

4　相澤・論点解説611頁
5　相澤・立案担当205-206頁
6　会社法コンメ⒅199頁［伊藤靖史］参照
7　なお，例えば江頭憲治郎「合同会社制度のメリット－締出し防止策の側面」松嶋英機ほか編『新しい時代の民事司法』256頁注27（商事法務，2011年）は，事業譲渡に際しては，常に総社員の過半数による決定を要するとの解釈が示唆されている。

⑴　金銭等不交付要件の例外

ア　金銭等不交付要件と合同会社

　適格合併，適格分割及び適格株式交換等の要件として，いわゆる「金銭等不交付要件」が定められている（法人税法2条12号の8・12号の11・12号の17）。この要件は，大まかにいえば，合併等の対価として承継法人等の株式等以外の対価が交付されない，というものである。

　そのため，例えば合併の対価として金銭のみを交付するような場合には，金銭等不交付要件を満たさないこととなり，非適格の組織再編となる。ただしこの例外として，端数株式相当の金銭交付，反対株主の買取請求に基づく金銭交付，合併直前において合併法人等が被合併法人等の発行済株式等の3分の2以上を有する場合の合併法人等以外への金銭交付等が定められている（ただし，適格分割に関しては「分割対価資産」として一定の株式等以外の交付がないことが要件であるため，これら以外の金銭等の交付であっても，「分割対価」でなければよいと考えられる。）。

　合同会社の場合，株式会社において認められるような反対株主の買取請求権（会社法785条等）は会社法上認められていないものの，①合同会社が任意に持分の払戻しを行ったり，②定款で定めることにより，反対する社員の持分を払い戻したり，といった対応は可能である。そのため，こうした対応が組織再編の対価とみなされないかといった論点が生じることとなる。

イ　具体的事例における検討

　例えば，合同会社Xが吸収合併消滅会社となる場合を考える。

　合同会社であるXが消滅会社となる合併の場合，Xの総社員の同意が必要となる（会社法793条1項1号）。Xの社員がA，B及びCであり，その持分比率は5：4：1である場合に，少数の持分しか有していないCが合併に反対すれば，この合併は承認されないこととなる（**図表7－2参照**）。

【図表 7 − 2】　合同会社が吸収合併消滅会社となる場合の例

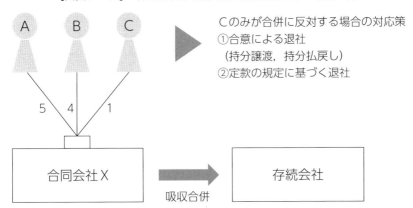

Cのみが合併に反対する場合の対応策
①合意による退社
　（持分譲渡，持分払戻し）
②定款の規定に基づく退社

㈦　合意による退社

　しかしながら，どうしても合併をしたいA及びBとしては，Cを説得することのほかに，そもそもXから退社をしてもらうことも考えられる。これが上記①の方法ということになる。もしAとBがCに退社を求め，Cがこれに合意すれば，AやBがCの保有する社員持分を買い取る方法か，Cは総社員の同意を得て，法定退社する方法を採ることになる（会社法607条1項2号）。そして，社員持分の譲渡については直近で合併が予定されていることから，当該合併に際して計算された企業価値に基づく社員持分の時価により譲渡がなされ，また法定退社については持分の払戻しがなされ（会社法611条1項），Xは一定の対価を受領することとなる。

　ここでの問題は，合併ありきで行われた持分の譲渡や法定退社及び持分の払戻しが，実質的には合併対価の交付ではないか，というものである。特に反対株主の買取請求が金銭等不交付要件から除外されているところ，反対株主の買取請求に基づく金銭交付は合併対価そのものではないことからすると，金銭等不交付要件の判定においては，組織再編の一連の手続の中で交付される金銭等もその対象になりうると考える余地もあると考えられる。

　そうすると，確かに合同会社の場合，合併において必要となる総社員の同意

を得るための手段として退社及び持分の払戻しを行っている以上，金銭等不交付要件を満たさない，との主張も考えられないこともない。しかしながら，例えば株式会社の場合でも，事前に自己株式の取得を行うことにより決議要件を確保する場合であっても，それは合併の手続外のものである以上は金銭等不交付要件を満たしうると考えられ，そうすると持分の譲渡や退社と持分の払戻しが合併の手続外である合同会社の場合であっても，やはり原則として金銭等不交付要件を満たすことは可能であると考えられる。そしてもし，およそ金銭等不交付要件を潜脱するような態様による合併があれば，それは組織再編に係る行為計算否認規定に基づいて適切に対応されれば足りる問題であろう（法人税法132条の2）。

　(イ)　定款の規定に基づく退社

　他方，②合同会社の定款において，組織再編に反対する社員に対する持分の払戻しを定めるような場合（一定の組織再編に反対することを退社事由とする場合（会社法607条1項1号））を見ると，株式会社の場合における反対株主の買取請求との差異は，法令上の制度であるか定款上の制度であるかの違いのみである。そうすると，法令上の制度である反対株主の買取請求が金銭等不交付要件を満たすのに，定款上の退社事由であると金銭等不交付要件を満たせなくなる，と考えるのは違和感が残る[8]。

　そして，定款の定めといっても社員間の契約に類するものであり，あくまで契約上の取り決めと大きな差異はないことからすると，やはり上記①と同様，原則として金銭等不交付要件を満たしうるものであるとの整理が合理的であると考えられる。

(2)　従業者，特定役員の範囲

　また，適格組織再編におけるいわゆる「従業者引継要件」や「特定役員参画

8　もちろん，法令上の制度であるからこそ金銭等不交付要件の例外として反対株主の買取請求が定められたのであり，契約に類似する定款に基づくものとは本質的に異なる，との立論も不可能ではない。

要件等」に関しては，以下の点に留意が必要である（それぞれの要件の内容については割愛する。）。

　まず，「従業者」とは，役員，使用人その他の者で，組織再編の直前において組織再編前に行う事業に現に従事する者をいうとされていることから（法人税基本通達1－4－4），合同会社の場合には業務執行社員や，法人業務執行社員の職務執行者も「従業者」に含まれると考えられる。

　また，「特定役員」に関しては，「社長，副社長，代表取締役，代表執行役，専務取締役若しくは常務取締役又はこれらに準ずる者で法人の経営に従事している者」をいい（法人税法施行令4条の3第4項2号），「これらに準ずる者」とは，役員又は役員以外の者で，法人の経営の中枢に参画している者とされる（法人税基本通達1－4－7）[9]。

　合同会社の場合，特定役員や役員の定義中に代表社員や業務執行社員が記載されていないものの，基本的に業務執行社員のうち中枢を占める者（代表社員等）がこれに該当することとなると考えられる。さらに，定款で任意に設置した会議体の構成員や，法人社員の職務執行者も，合同会社の経営の中枢に参画している場合には，特定役員に含まれると考えられる。

　なお，例えば株式会社Aの非株主であり特定役員であるPがいる場合，合同会社Bと合併して株式会社Aが消滅すると，PはBの社員とはならないため，Pが別途Bに出資をしない限り，業務執行社員となることはできない。したがって，Pを引き続き特定役員とするには，①Pが新たな出資を行い業務執行社員となる，②法人社員の職務執行者として選任する，又は③合同会社Bに経営の中枢に関与することとなる機関や役職を設ける等の対応が必要となる。

9　なお，法人税法上の「役員」とは「法人の取締役，執行役，会計参与，監査役，理事，監事及び清算人並びにこれら以外の者で法人の経営に従事している者のうち政令で定めるもの」（法人税法2条15号）であり，「政令で定めるもの」とは大要「法人の使用人（職制上使用人としての地位のみを有する者に限る。［中略］）以外の者でその法人の経営に従事しているもの」（法人税法施行令7条1号）とされている。

Ⅱ　組織変更

1　組織変更の概要

　組織変更とは，会社がその組織を変更することにより，別の類型の会社となることをいう（なお，持分会社内での変更は，種類の変更であり組織変更ではない（会社法638条）[10]。）。本節では，株式会社から合同会社への組織変更及び合同会社から株式会社への組織変更を扱う。

　会社法制定時には，特に合同会社から株式会社への組織変更のニーズが考慮されていたようであるが[11]，実務上は，極めて大規模な出資が想定される場合の登録免許税回避等を目的とする，株式会社から合同会社への組織変更も見られる。

2　組織変更手続

(1)　組織変更に際して必要となる手続の概要

　組織変更にあたっては，①株式会社から合同会社となる場合又は②合同会社から株式会社となる場合において，**図表7－3**を記載事項とする組織変更計画の作成に加え（会社法743条，744条，746条），それぞれ**図表7－4**の手続を経なければならない。

10　田中・会社法784頁
11　江頭憲治郎「「会社法制の現代化に関する要綱案」の解説［Ⅷ・完］」旬刊商事法務1729号12頁（2005年）

【図表7－3】 組織変更計画の記載事項（会社法744条1項各号，746条1項各号）

	株式会社 ⇒ 合同会社	合同会社 ⇒ 株式会社
①	組織変更後の会社種別	－
②	組織変更後持分会社の目的，商号及び本店所在地	組織変更後株式会社の目的，商号，本店所在地及び発行可能株式総数
③	組織変更後持分会社の社員について (1) 氏名・名称及び住所 (2) 無限責任・有限責任の別 (3) 出資価額	・社員が取得する株式の数等 ・社員に対する上記株式の割当てに関する事項 ・組織変更後株式会社の取締役，会計参与，監査役，会計監査人の氏名・名称
④	組織変更後持分会社の定款	組織変更後株式会社の定款
⑤	組織変更に際して株主に組織変更後持分会社の持分以外の金銭等が交付される場合， (1) 組織変更後持分会社の社債であるときにはその種類等 (2) 上記以外の財産であるときには，交付する財産の内容等	組織変更に際して社員に組織変更後株式会社の株式以外の金銭等が交付される場合， (1) 組織変更後株式会社の社債であるときにはその種類等 (2) 組織変更後株式会社の新株予約権であるときにはその内容等 (3) 新株予約権付社債であるときには上記社債及び新株予約権に関する事項 (4) 上記以外の財産であるときには，交付する財産の内容等
⑥	⑤の場合には，株主に対する金銭等の割当てに関する事項	⑤の場合には，社員に対する金銭等の割当てに関する事項
⑦	新株予約権を発行しているときは，これに代わる金銭の額等	－
⑧	⑦の場合には，新株予約権者に対する金銭の割当てに関する事項	－
⑨	効力発生日	効力発生日

【図表7－4】 組織変更手続の概要

	株式会社 ⇒ 合同会社	合同会社 ⇒ 株式会社
組織変更計画の承認	総株主の同意（776条1項）	総社員の同意（781条1項） ※ 定款で別段の定めが可能
公告・催告手続等	登録株式質権者等への通知・公告（776条2項・3項） 株券提出公告（219条1項5号） 債権者保護手続（779条）	債権者保護手続（781条2項, 779条）
新株予約権買取請求	新株予約権者は，その有する新株予約権の買取りを請求できる（777条）	なし
事前備置	必要（775条1項）	なし（781条2項）
登記手続	効力発生日から2週間以内（920条） 登録免許税は設立登記について原則として資本金の額の0.15％（最低3万円）（登録免許税法9条，別表第一第24号⑴ホ，登録免許税法施行規則12条1項2号），解散登記について3万円（別表第一第24号⑴レ）	

（注） 株式会社と合同会社における組織変更では，知れたる債権者に対する個別催告は，定款に基づき，官報公告に加えて日刊紙又は電子公告を行うことにより省略することができるが，合名会社及び合資会社から株式会社への組織変更においては省略することができない（会社法781条2項）。

　なお，株式会社から合同会社への組織変更において，合同会社の持分を株主に対して割り当てる場合に，出資の価額の算定方法について規制は存在せず，また合同会社から株式会社への組織変更において，株式を合同会社の社員に対して割り当てる場合に，社員の出資の価額に対応して定める必要はないとされている[12]。したがって，組織変更の前後でそれぞれの持株割合や出資割合が変更されるような組織変更計画を作成することも当然にできると考えられる。ただし，この場合における株主又は社員の課税関係については注意を要する（下記3⑵参照）。

12　江頭憲治郎＝門口正人ほか編集代表『会社法大系 第4巻』29頁（青林書院，2008年），金子登志雄『商業登記全書第7巻［第3版］』450頁，472頁（中央経済社，2022年）参照

(2)　債権者保護手続に関する留意点

　とりわけ組織変更手続においても債権者保護手続が必要とされている点については，スケジュールに対しても影響することから特に注意が必要である。

　組織変更手続において債権者保護手続が必要とされるのは，株式会社から持分会社への変更の場合には，出資時や配当時の資本金組入規制や準備金積立て義務，計算書類の公告義務がなくなったり，大会社の会計監査人の設置義務がなくなったりする等，会社債権者に対して不利益が生じるおそれがあるためである[13]。

　これに対して，合同会社から株式会社への組織変更においても債権者保護手続が必要とされている。確かに，株式会社のほうが一般に会社債権者の保護が厚いようにも思われるが（上記参照），機関設計の定め方や種類株式等の存在によっては必ずしもそのようにはいえず，また会社債権者としても合同会社であることを前提にして取引関係に入っていることから，債務者である組織変更会社の信用状況に影響を与えうることを踏まえ，やはり債権者保護手続を必要としているものと考えられる。

　なお，合同会社から株式会社へ組織変更する際には，組織変更計画等の備置きは求められていない。これについて「組織変更後の株式会社の債務の履行の見込み等を示さないと，異議を述べる債権者が多く出るであろうから，持分会社は，事実上，債権者の不安を解消するための何らかの資料を用意することが必要となろう」[14]との指摘もあるが，（無限責任社員が存在する合名会社及び合資会社であれば格別）合同会社から株式会社への組織変更にあっては，有限責任であることに変更はないため，債権者としてあえて異議を述べる事例は実務上多くない。

13　江頭・株式会社法1023頁
14　江頭・株式会社法1026頁注(3)

3　会計及び税務上の取扱い

(1)　組織変更を行った会社の会計及び課税関係

　組織変更を行った場合，組織変更前の会社については解散登記が，組織変更後の会社については設立登記がなされる（会社法920条）。そのため，登記上は組織変更前の会社が消滅すると同時に組織変更後の会社が設立されたように見えるが，組織変更前後において法人格の同一性は維持されるのであり，組織変更の前後を通して同一の会社である[15]。

　株式会社が合同会社に組織変更する場合と合同会社が株式会社に組織変更する場合，その有する資産及び負債の帳簿価額はそのまま引き継がれ（会社計算規則7条），また純資産の部については**図表7−5**のとおり変動する（会社計算規則33条，34条）。

　組織変更においては，上記のとおり法人格の同一性が維持されることから，組織変更を行った会社において，法人税法上の事業年度及び消費税法上の課税期間は継続され（法人税基本通達1−2−2，消費税法基本通達3−2−2），組織変更に際して当該会社に特段の課税は生じず，また組織変更前の繰越欠損金は組織変更後も引き継がれる[16]。

　なお，適格組織再編に際して支配関係の継続が要件となる場合がある（例えば法人税法施行令4条の3第2項2号本文）ところ，組織再編後に組織変更が見込まれている場合でも（また実際に組織変更を行った場合でも），上記のとおり組織変更の前後を通じて会社の法人格の同一性は維持されることから，支配関係の継続は税務上も当然に認められると考えられる。

　ところで，組織再編に対しては，組織再編に係る行為計算否認規定（法人税法132条の2，所得税法157条4項）の適用があるが，組織変更は条文上ここに列記されていないことから，その対象とはならないと考えられる。

15　会社法コンメ20324頁［遠藤美光］，太田達也『［改訂版］合同会社の法務・税務と活用事例』182頁（税務研究会出版局，2019年）

16　太田・前掲（注15）183頁

【図表7－5】　組織変更における株主資本・社員資本の変動

	組織変更後持分会社	組織変更後株式会社
資本金	組織変更直前の資本金	組織変更直前の資本金
資本準備金	－	零
資本剰余金／ その他資本剰余金	(1)から(2)と(3)を減じた額 (1)　組織変更直前の資本準備金とその他資本剰余金の合計額 (2)　自己株式の帳簿価額 (3)　株主に対して交付する持分以外の財産の帳簿価額のうち資本剰余金から減ずるものと定めた額	(1)から(2)を減じた額 (1)　組織変更直前の資本剰余金 (2)　社員に対して交付する株式以外の財産の帳簿価額のうち資本剰余金から減ずるものと定めた額
利益準備金	－	零
利益剰余金／ その他利益剰余金	(1)から(2)を減じた額 (1)　組織変更直前の利益準備金とその他利益剰余金の合計額 (2)　株主に対して交付する持分以外の財産の帳簿価額のうち利益剰余金から減ずるものと定めた額	(1)から(2)を減じた額 (1)　組織変更直前の利益剰余金 (2)　社員に対して交付する株式以外の財産の帳簿価額のうちその他利益剰余金から減ずるものと定めた額

(2)　株主又は社員の課税関係

　組織変更を行った会社の株主又は社員（以下「株主等」という。）については，組織変更後の持分又は株式（以下「株式等」という。）のみが交付される場合，旧株式等の帳簿価額が維持される（所得税法施行令115条，法人税法61条の2第13項，法人税法施行令119条1項14号）。したがって，このような組織変更に際しては，株主等に課税が生じることがないのが原則である。ただし，組織変更に際して交付される株式等が，各株主等がもともと有していた株式等の時価に基づいて交付されない場合（例えば，持株割合に基づかない持分割合を組織変更計画に定めるような場合）には，株主等の間で利益の移転があったものとして課税が生じる可能性もある[17]。そのため，こうした株式等の時価に基づかない株式等の割当て等を行う際には，事前に十分な検討を行っておく必要がある。

　他方，組織変更計画に定めることで，一定の株主等に，株式等ではなく金銭等を交付することができる（会社法744条1項5号，746条1項7号）。このような場合には，すべての株主等について譲渡損益及びみなし配当課税が生じ（所得税法25条1項7号，租税特別措置法37条の10第3項7号，法人税法24条1項7号，61条の2第1項），株式等の交付を受けた株主等における株式等の取得価額は，組織変更時の時価となる（所得税法施行令109条1項6号，法人税法施行令119条1項27号）[18]。このような課税を避けるには，キャッシュアウトを行いたい株主等から，組織変更前にあらかじめ株式等を買い取っておく等の対応が考えられる。ただし，これが組織変更と実質的に一体として行われたものと評価されうる場合には，たとえ組織変更計画に株式等の交付のみを定めた場合であっても，上記のような時価による課税を受ける可能性も否定できない。この点については金銭等不交付要件（上記I 4(1)）と類似の論点であるため，当該部分を参照されたい。

　なお，株式会社が種類株式を発行している場合や，合同会社が持分の権利内容について社員ごとに異なる定めを置いている場合には，株式等に応じて時価が異なりうるため留意が必要である。この点については第3章VIにおける議論を参照されたい。特に留意を要するのは，合同会社から株式会社へ組織変更を行う場合であって，組織変更以前に一部の社員に対してのみ利益の配当を行っている等，各社員に帰属している利益剰余金の額が出資割合と同一となっていないときである。この場合には，交付する株式数を出資割合どおりに決定すると，実際に各社員が有している持分の時価とズレが生じることになるためである。

17　この場合において，各株主にどのような課税が生じるのかについては必ずしも明確ではない。以下に見るように金銭等を交付した場合と同じように譲渡損益課税が直接生じるとの見方もありうるかもしれないが，法令上，帳簿価額が維持される要件として定められているのは新株のみが交付されたことのみであるから，組織変更それ自体によって譲渡損益課税が生じると考えることは難しいように思われる。そのため，有利発行の場合と同様に，組織変更によって株主等の間に価値移転があったものとして課税されることになるものと思われる。

18　国税庁質疑応答事例「組織変更に伴い株式以外の資産の交付を受けた場合」も参照。

　また，事業承継税制を利用している株式会社又は合同会社が組織変更をする場合で，組織変更に際して金銭等を交付するときには，猶予されている相続税額又は贈与税額のうち一定額について，期限確定となるため注意が必要である（例えば，（特例）経営贈与承継期間後について租税特別措置法70条の7第5項6号，70条の7の5第3項）。

第 **8** 章

解散・清算等

第8章は，合同会社の解散と清算を取り扱う。

Ⅰ　解　散

1　解散事由

「解散」とは，「法人格の消滅の原因となる事由」であり[1]，これは株式会社で
あっても合同会社であっても同じである。なお基本的には，会社の解散事由が
生じたからといって直ちにその会社の法人格が消滅するのではなく，その後，
必要な手続（清算手続）が結了してはじめて法人格は消滅することとなる（会
社法645条参照）。もっとも，吸収合併消滅会社の場合には清算手続なく消滅し，
破産手続開始の決定により解散した場合であって当該破産手続が終了していな
い場合には清算は開始しない[2]（会社法644条1号括弧書）。

　合同会社は，**図表8−1**のいずれかの事由（以下「解散事由」という。）が生
じたときに解散し（会社法641条各号），合同会社は2週間以内に，本店所在地
において解散の登記をしなければならない（会社法926条）。以下では，このう
ち合同会社の実際の運営にあたって特に留意が必要となる解散事由について取
り上げる。

　ところで，株式会社の場合，最後に登記があった日から12年を経過した株式
会社（休眠会社）については，法務大臣による官報公告を経て，解散したもの

---

[1]　田中・会社法733頁
[2]　株式会社の場合も清算の開始原因については合同会社と同様に定められている（会社法475条各
号）。このほか，株式会社及び合同会社において破産開始された場合の取扱いに留意が必要である。
例えば，東京地判平成26年8月28日税務訴訟資料順号26−27は，同時廃止決定と同様「異時廃止の
決定を受けた場合であっても，会社法475条1号が適用され，同法の規定に基づく清算手続をしな
ければならないと解すべきであり，清算の目的の範囲内で，その法人格はなお存続するものである
こと（同法476条）からすれば，破産法35条の規定により，破産手続の終了をもってその法人格が
消滅することはないというべきである」としており，同時廃止決定後における国税徴収法39条に基
づく第二次納税義務の納付告知処分の有効性を肯定している（控訴審である東京高判平成27年2月
5日税務訴訟資料順号27−9もこの結論を支持し，上告審である最決平成27年7月2日D1-Law
28274182は納税者による上告を棄却し，上告不受理としている。）。

とみなす規定が設けられている（いわゆるみなし解散）（会社法472条）。これに対して，合同会社の場合には，みなし解散に関する規定は存在していない。これは株式会社の場合，役員の任期について制約があるのに対して，合同会社の場合にはそうした制約がなく，長い間にわたって変更登記がなされないことも当然に想定されるためであると考えられる。

【図表8－1】　合同会社の解散事由（番号は号数に対応）

> 一　定款で定めた存続期間の満了
> 二　定款で定めた解散事由の発生
> 三　総社員の同意
> 四　社員が存在しなくなったこと
> 五　合併消滅会社となったこと
> 六　破産手続開始の決定
> 七　裁判所による解散命令等

2　定款で定めた解散事由

　定款で定めた解散事由の発生（会社法641条2号）は，株式会社の解散事由にもなっている（会社法471条2号参照）。例えば，合弁会社として利用する場合には合弁契約の終了を，SPC（特別目的会社）として設立される場合には当該プロジェクトの終了を解散事由とすることが考えられる。また，特定の社員の退社を解散事由とすることも考えられる。

　特に明確な目的をもって設立されたような場合にはこのような規定を置けば足りるが，他方で，合同会社の存続を妨げる要因ともなりかねないため，解散事由を定款に定める場合には十分な注意が必要である（もちろん，定款の変更によっても事後的に修正することができるが，例えば合弁契約の終了を解散事由とした場合，合弁契約終了前に社員全員の合意をもって定款変更を行うことができるとは限らない。）。

3 総社員の同意

株式会社の場合，株主総会の特別決議（3分の2以上）により解散が承認される（会社法471条3号，309条2項11号）。

これに対して，合同会社の場合は解散の要件が総社員の同意に加重されているが（会社法641条3号），これは定款に別段の定めを設けることで変更可能とされている[3]。そのため，社員の多数が合同会社の解散を望む場合に，少数派の社員がこれに同意をしないことから，合同会社を解散するには解散の訴え（会社法833条2項）によらざるを得ない事態を防ぐため，定款により解散の要件を軽減しておく（例えば，出資の価額を基準にして3分の2の同意としたり，社員の頭数で3分の2の同意としたりする。）ことも考えられる。ただし，こうした定めは，裏を返せば少数派の社員の利益を害することにもなりうるため十分注意が必要である。

4 社員の不存在

合同会社の社員が欠けたとき，すなわち社員が不存在となったことも合同会社の解散事由とされている（会社法641条4号）。第2章でも触れた点ではあるが，実務上は特に注意が必要なものである。

合同会社（持分会社）の場合，特に合併又は相続による持分の一般承継が原則として認められないことから，唯一の社員において合併や相続が発生すると，当該社員が合同会社を退社することとなるため，合同会社は解散となってしまう（会社法607条1項3号・4号）。特にある会社のグループ子会社として長期的に存続することが想定されている場合や，ある個人の資産管理会社として設立され社員持分を下の世代に承継することが想定されている場合，親会社の合併や個人の相続発生により合同会社が解散してしまう結果，これを設立した本来の役割を果たせないこととなりかねない。このような事態を回避するためには，

---

3 新版注釈会社法(1)367頁［平出慶道］

定款において合併又は相続による承継を許容しておく必要がある（会社法608条
1項）。

5　会社の解散の訴え

　合同会社の社員は，やむを得ない事由がある場合に，裁判所に対して合同会
社の解散を請求でき（会社法833条2項），裁判所が合同会社の解散を命じたこ
とは，当然，合同会社の解散事由とされている（会社法641条7号）。

　株式会社にも同様の仕組みが用意されているが，株式会社の場合には，議決
権の10分の1以上を有する株主のみが株式会社の解散を請求できるのに対して，
合同会社にはこのような制約はなく，1円でも持分を有していれば，解散の訴
えを提起することができる。解散の訴えを提起できる社員の範囲について，少
なくとも法文上，定款における変更は想定されていないため，仮に定款におい
て10分の1以上の出資の価額を有する社員と定めたとしてもその効力は生じな
いものと思われる。

　ここでいう「やむを得ない事由」には，①社員間の信頼関係破壊による対立
が生じ，会社の業務執行が困難となり，その結果，会社ひいては総社員が回復
しがたい損害を被っている場合のほか，②社員間に多数派と少数派の対立があ
り，業務執行が多数派社員によって不公正かつ利己的に行われ，その結果，少
数派社員がいわれのない恒常的な不利益を被っている場合で，これを打開する
手段がない場合が含まれる[4]。なお，当該事案は，合名会社の解散の訴えに係る
ものではあるが，「やむを得ない事由」の判断要素は合同会社であっても同様
であると考えられる。

　この場合において「打開の手段」は，諸般の事情を考慮して公正かつ相当な
手段であることを要する（同最判）。例えば，同最判においては，持分払戻し
も手段として考えられるものの，そのためには多大な困難と長い年月を要する
事情があり，少数派にとっては著しく不公正かつ不相当であることから，持分

4　最判昭和61年3月13日民集40巻2号229頁

払戻しはここにいう「打開の手段」とはいえないとされている。

　合同会社においては広く定款自治が認められているとはいえ，少数派の社員がいる場合で，その権利が著しく無視されているようなときには，単にその社員が退社するだけではなく，解散の訴えにより合同会社が解散となる可能性がある。そのため，その運営においては少数派の利益にも十分に配慮しなければならない[5]。

II　清　算

1　清算手続の概要

　「清算」とは，会社の法人格の消滅前に，①会社の現務を結了し，②債権を取り立て，③債権者に対し債務を弁済し，④株主に対し残余財産を分配する等の手続をいう（会社法649条）[6]。合同会社の場合には，解散する場合のほか，設立無効の訴えや設立取消しの訴えを認容する判決が確定した場合にも，清算手続に入る（会社法644条2号・3号）。

　合同会社における清算手続は，株式会社における手続と大きな違いはなく，株式会社と同様，主に上記①，④の手続によって構成される。なお，財産の換価も当然に行うことができる[7]。清算事務が終了した後，清算に係る計算を社員が承認し，清算結了となる（会社法667条）。

　清算結了までに必要となる手続はおおむね以下のとおりである。

5　第5章 I 1(5)でも触れたが，例えば一定の者を業務執行社員にしたい場合に，形式的にノミナルな出資をさせるような場合であっても，法的には社員であることに変わりないため，会社解散の訴えを提起することもでき，当該社員があくまで形式的に出資したにすぎない存在であることは「諸般の事情」の一つとして考慮されることになろう。

6　江頭・株式会社法1047頁

7　会社法コンメ(15)175頁〔畠田公明〕

①　清算人の選任

②　財産目録・貸借対照表の作成

③　清算手続（現務の結了，債権取立て，債務弁済，残余財産分配）

④　社員の承認・清算結了

⑤　登　記

2　清算人の選任等

　合同会社の場合は，原則として，(i)定款で定める者，(ii)（業務執行）社員の過半数の同意で定める者，(iii)（(i)・(ii)の者がない場合に）業務執行社員が清算人となり，さらにいずれの者も存在しない場合には裁判所が選任する（会社法647条1項・2項）。なお，法人が清算人となることもできる（会社法654条）。これらの者が清算人となったとき又は清算人として選任されたときは，2週間以内に，本店所在地において以下の事項を登記しなければならない（会社法928条2項各号・3項）。

　　・清算人の氏名

　　・代表清算人の氏名及び住所

　　・代表清算人が法人であるときは清算人の職務執行者の氏名及び住所

　清算人が複数人いる場合には，原則としてそれぞれが合同会社を代表するが，別途定款や互選によって代表清算人を選定することもできる（会社法655条）。

3　清算中の社員等の異動

　清算合同会社については，合同会社に関する一定の会社法上の規定について適用除外とされており，具体的には，社員の加入，社員の退社，計算書類，資本金の減少，利益の配当，出資の払戻し，及び種類変更である（会社法674条各号）。

　以上のうち，特に重要なのは，清算合同会社における社員の異動が許されていない点である。

　まず，社員の加入が許されていない趣旨は，資金提供者でしかない株主と異

なり，合同会社に社員について業務執行者としての位置付けが与えられていることから，社員の業務執行権がなくなっている清算段階で社員を加入させることは，その性質に反すると考えられるためと説明されている。そのため，清算合同会社に対して資金提供をするには既存社員による増資によることとなる[8]。これに加えて，明文の規定はないものの，清算合同会社においては持分の譲渡も禁止されると考えられている[9]。

　さらに，社員の退社についても，任意退社及び死亡又は合併以外の事由による法定退社が適用除外とされている（会社法674条2号）。また，これを受け，相続及び合併の場合にはその一般承継人が持分を承継する（会社法675条）[10]。なお，この場合においては社員の死亡による退社及び相続による加入の事実を公示する実益はなく，これらを登記する必要はないとする先例がある[11]。

4　財産目録及び貸借対照表の作成，清算中における計算

　株式会社の清算にあっては，清算開始原因（会社法475条各号）が生じた日の翌日から起算して各1年間を各清算事務年度として規定し，清算事務年度ごとに貸借対照表等の作成が義務付けられている（会社法494条1項）。

　これに対して，合同会社の場合，清算事務年度に関する規定はなく，清算人の就任後に財産目録及び貸借対照表の作成が求められているにすぎない（会社法658条1項）。ただし，税務上はみなし事業年度として，解散をした事業年度の開始の日から解散の日までと，解散の日の翌日から解散をした事業年度の終了の日までがそれぞれ別の事業年度とみなされる（法人税法14条1項1号）。この場合に株式会社であれば，上記会社法の規定に基づいて，定款に定めた事業

8　既存社員の増資についても会社法604条に基づいており（第4章I2参照），同条は会社法674条により適用除外とされているが，立案担当者は，会社法663条の規定により出資の履行を請求することとなるものとしている（相澤・立案担当168頁）。

9　松井・ハンドブック736頁，登記研究361号84頁質疑応答【5434】（1977年），新版注釈会社法(1)468頁［米沢明］

10　相続によって持分を承継した場合，相続人が複数人いるときは，社員持分を準共有することとなる（民法898条，264条本文）。この場合における権利行使者の指定については，第3章IV6(2)ア参照。

11　登記研究78号40-41頁（1954年）

年度ではなく清算開始原因が生じた日を基準に事業年度を考えることとなるが（法人税基本通達1－2－9），合同会社の場合には，基本的に定款で定めた事業年度が維持されることとなる[12]。

　清算合同会社については通常の計算書類の作成や閲覧については適用除外とされており（会社法674条3号），清算合同会社の清算人が作成すべき財産目録は，原則として処分価格に基づいて作成され，資産，負債及び正味資産に区分される（会社法施行規則160条2項・3項）。そして，この財産目録に基づいて貸借対照表を作成し，資産の部，負債の部及び純資産[13]の部に区分されることとなる（会社法施行規則161条2項・3項）。したがって，清算合同会社が作成する貸借対照表は，解散前に作成していた貸借対照表とは連続性がない。

5　清算手続

⑴　現務の結了

　現務の結了とは，解散前の会社の業務の後始末をつけることであり，具体的には会社の解散時においていまだ完了していない業務を完了することをいう[14]。清算人は，すべての契約を即時に終了させず合理的な財産の保全・利用行為をすることができ，係属中の訴訟を継続することもでき，さらに現務の結了に必要な範囲で新規の取引を行うことも可能である[15]。

⑵　債権の取立て

　債権の取立てとは，文字どおり清算合同会社の有する債権について債務者から弁済を受けることである。弁済の受領及び担保権実行のほか，代物弁済の受

12　太田達也『［改訂版］合同会社の法務・税務と活用事例』185頁（税務研究会出版局，2019年）

13　清算合同会社においては，利益の配当は行わないことから（会社法664条，674条3号参照），純資産の部において資本金や剰余金を表示する必要はなく，純資産として表示されれば足りる（弥永真生『コンメンタール会社法施行規則・電子公告規則［第3版］』886頁（商事法務，2021年），太田・前掲（注12）107頁）。

14　江頭・株式会社法1055頁，田中・会社法744頁，森本滋編『合同会社の法と実務』258頁（商事法務，2019年）

15　会社法コンメ⒂173頁［畠田公明］

領，更改，和解，債権譲渡も含まれるとされており，履行期未到来の債権については履行期まで待たずとも，債権譲渡によれば足りる[16]。

(3) 債務の弁済

清算合同会社は債務の弁済をしなければならず，そのために財産の換価をすることもできる[17]。

債務の弁済に関しては，特に債権者保護手続に注意が必要である。すなわち，清算合同会社は，清算開始原因が生じた後，遅滞なく，清算合同会社の債権者に対して，2か月以上の期間を定めて，債権を申し出るように官報において公告しなければならず，さらに知れている債権者に対しては個別の催告も必要となる（会社法660条1項）。この個別の催告は，資本金の減少や持分の払戻し（持分払戻額が純資産額を超える場合を除く。）のような個別催告の省略は認められていない。知れている債権者については債権の申出をしなくとも清算から除斥されることはないが，それ以外の債権者については，この期間内に債権の申出をしなかった場合，清算から除斥され，分配されていない残余財産に対してしか弁済を請求することができなくなる（会社法665条1項・2項）。

清算合同会社は，上記で定めた期間中，債務の弁済をすることができず，仮に債務不履行となる場合であっても，その責任を免れない（会社法661条1項）[18]。そのため，例えば支払債務の不履行により遅延損害金が発生しうることとなる。ただし，少額の債権等については，裁判所の許可を得て弁済することも可能である（同条2項）。

なお，清算合同会社の財産が，その債務を完済するのに足りないことが明らかになったときは，破産手続に移行する（会社法656条）。株式会社と異なり，合同会社については特別清算の制度は設けられていない（会社法510条）。

---

16 会社法コンメ(15)173-174頁［畠田公明］
17 会社法コンメ(15)174頁［畠田公明］
18 他方，清算合同会社の債権者からの権利行使については基本的に妨げられない（会社法コンメ(15)200頁［川島いづみ］）。

⑷　残余財産の分配

ア　要件と責任

　清算合同会社は，その債務を弁済した後でなければ，その財産を社員に分配することができない（会社法664条本文）。言い換えれば，清算合同会社がその財産を社員に分配するためには，まず債務の全額を弁済する必要がある，ということになる。ただし，争いのある債務については，その弁済に必要と認められる財産を清算合同会社に留保すれば足りる（同条但書）。

　たとえ債務を弁済するのに十分な財産を清算合同会社が有している場合であっても，判例及び学説上，債務完済前に残余財産を社員に分配した場合は，分配を受けた社員は清算合同会社に対して当該分配額を返還する義務を負うとされており，争いのある債務があるにもかかわらず必要と認められる財産を留保しなかった場合も同様である[19]。また，会社法664条に違反して残余財産の分配を行った場合，清算人は100万円以下の過料に処せられる（会社法976条30号）。

イ　利益の配当と残余財産の分配

　なお，合同会社の利益の配当は，定款に別段の定めを置かない限り，各社員が任意のタイミングで請求することができる（会社法621条1項）。この請求によって，当該社員は具体的配当受領権を取得する（第3章Ⅲ3⑶参照）が，例えば配当請求をした後に合同会社が解散した場合，この具体的配当受領権は清算合同会社にとっての債務となるのか，これは利益の配当そのものである以上は適用除外規定（上記3参照）に基づき，債務の弁済がないと履行できないのかが問題となりうる。

　これについては，配当の請求があった時点において未払配当金として負債計上されることからも，清算手続中は負債として扱われ，社員としては利益配当請求権を行使できると考えられる[20]。他方，会社法上明確に利益の配当が適用除外となっていることに加え，合同会社の社員は全員が有限責任社員であるこ

19　会社法コンメ⒂214頁［川島いづみ］
20　新版注釈会社法⑴468頁［米沢明］

とから，未払配当金についてもこれを支払うことはできないと解する余地もある。

ウ 残余財産の分配割合と分配方法

残余財産の分配割合は，定款に別段の定めを置かない限り，出資価額の割合による（会社法666条）。これは組合における残余財産の分配方法と同様の規定である（民法688条3項）。あくまで出資価額に基づいて分配されるため，各社員に帰属している損益は考慮されないこととなる。これについては公平を欠く可能性があり，定款において一定の手当を置くべきとの指摘もある[21]。

例えば，清算合同会社に100の残余財産がある場合に，社員Ａと社員Ｂの出資価額がそれぞれ10である場合，社員Ａと社員Ｂにはそれぞれ50の残余財産が分配されることとなる。しかしながら，もし社員Ａが過年度においてすでに40の利益の配当を受けていた場合，もしその利益の配当がなければ残余財産は140となるから，社員Ａと社員Ｂはそれぞれ70の分配を得られていたこととなる。そのため，社員Ａとしては利益の配当と残余財産の分配を合わせて90得られているのに対して，社員Ｂは50のみとなるから，社員Ａは20だけ得をし，社員Ｂは20だけ損をしている，ともいいうるのである。

ただし，もとより社員の権利をそのように定めて，つまり社員Ａも社員Ｂも清算となった場合には利益の配当を請求しておかないと損となる可能性があると認識した上で，個々に利益の配当を請求すべきかどうかを判断していることから，常にこれが不合理な結果であるとは限らない。

残余財産の分配については特段方法が定められておらず，現物での分配も許容されるものと考えられる。ただし，この場合には定款の定め又は総社員の同意が必要とする見解もある[22]。

---

21 森本・前掲（注14）260頁
22 奥島孝康ほか編『新基本法コンメンタール 会社法3［第2版］』別冊法学セミナー239号100頁（2015年）［菊地雄介］

エ　税務上の留意点

　税務上留意すべきは，第一に，残余財産の分配に関する定款の定めが経済的に合理的でないと，寄附金課税等の問題を生じさせる可能性がある点である[23]。こうした課税のタイミングについては，理論上，そのような定款を定めた時（合同会社設立時又は定款変更時）と考えるべきである。ただし，そうした定款を定めた時に，実際に移転した利益の額を具体的に計算することは難しく，また実際に合同会社を清算してみるまで，本当に残余財産の分配がなされるかどうかも不明であることから，実務上，清算時又は残余財産分配時に課税が生じると考えることも，不可能ではないと思われる。

　また，残余財産の分配時のみなし配当課税にも留意が必要である。合同会社の残余財産の分配は，定款に別段の定めがない限り，出資価額に応じて行われる（会社法666条）。この場合，残余財産の分配を受けた社員についてみなし配当課税が生じうるが，この計算の基礎となる「出資に対応する部分の金額」は，以下の計算による（所得税法25条1項4号，所得税法施行令61条2項4号，法人税法24条1項4号，法人税法施行令23条1項4号）。

$$出資に対応する部分の金額 = 分配直前の資本金等の額 \times 1 \times \frac{当該社員の出資金額}{分配直前の出資総額}$$

　例えば，社員A及び社員Bからなる合同会社Xが残余財産を分配する場合，Xの資本金等の額を100，Aの出資金額を20，Bの出資金額を80とすれば，Aの「出資に対応する部分の金額」は20（＝100×1×20÷100），Bは80（＝100×1×80÷100）となる。

　数式からも明らかなとおり，基本的に「出資に対応する部分の金額」は，払戻しを受ける社員の出資金額と一致する。この場合，合同会社持分の税務上の簿価が，定款に記載された出資金額と異なる場合に，譲渡損益が生じることとなる。

23　太田・前掲（注12）112頁

6　清算結了

　清算合同会社は，清算事務が終了したときは，遅滞なく，清算に係る計算をして社員の承認を得なければならない（会社法667条1項）。社員の承認を得ることにより，清算は結了し，清算合同会社の法人格は消滅する（清算合同会社は清算の目的の範囲内で，清算の結了まで存続する（会社法645条）。）[24]。

　会社法上，清算合同会社の清算結了時の計算について特段規定が設けられていないが，清算株式会社における決算報告に準じた書類を作成すべきとの見解もある（会社法507条，会社計算規則150条）[25]。

　清算人又は定款若しくは社員の過半数をもって定めた者は，清算結了登記から10年間，清算合同会社の帳簿資料を保存しなければならない（会社法672条1項・2項）。

　上記計算について社員が1か月以内に異議を述べなかったときは，当該社員は計算の承認をしたとみなされる（会社法667条2項本文）。なお，単に計算終了から1か月を経過すればよいというものではなく，社員の承認を受けるために必要な通知等を行ってからはじめて1か月の計算が始まるものと考えられる[26]。ただし，清算人の職務執行に不正行為があったときはみなし承認は働かない（同項但書）。

7　合同会社の継続

(1)　概　要

　清算合同会社は，存続期間の満了，定款で定めた解散事由の発生，又は総社員の同意により解散した場合には，清算の結了まで，社員の全部又は一部の同意によって清算合同会社を継続することができる（会社法642条1項）。ただし，

24　会社法コンメ⑮228頁［川島いづみ］
25　会社法コンメ⑮226頁［川島いづみ］，立花宏『商業登記実務から見た合同会社の運営と理論［第2版］』269頁（中央経済社，2021年）
26　会社法コンメ⑮227頁［川島いづみ］

これに同意しなかった社員は，清算合同会社が継続することとなった日に退社する（同条2項）。

　ここで会社の継続とは，解散後の会社が将来に向かって解散前の状態に復帰することをいう[27]。したがって，解散後の清算合同会社の行為に対して影響を与えることは基本的にない[28]。ただし，残余財産分配の開始後に合同会社を継続することとなったときには，合同会社は，社員からすでに分配した残余財産の払戻しを受けなければならないとされている[29]。

(2)　合同会社の継続と持分の一般承継

　ここで問題となりうるのは，合同会社の解散後に社員に相続や合併が発生した場合の取扱いである。すなわち，社員の相続や合併は法定退社事由であるところ，解散後についてはデフォルトルールの適用が除外され，当該社員の一般承継人が社員持分を承継する（会社法674条2号，675条）。

　ここで，清算合同会社の社員持分について一般承継が生じた場合に，その後，合同会社が継続することとなったとき，当該一般承継人は引き続き社員持分を保有し続けることができるのか，という点が問題となるのである。

　上記のとおり，会社の継続には将来効があるにすぎないとすれば，当該社員は引き続き持分を保有する（合同会社の継続を決定する際にはこれを前提に決定しなければならない。）との解釈となりそうにも思われるが，残余財産の払戻しにおいては巻き戻しが起きることから，社員の相続及び合併に際しても，会社の継続を決定した日に持分の払戻しが生じるとの解釈もありうるように思われる[30]。

　清算合同会社について持分の一般承継を例外的に認めた趣旨を踏まえれば，合同会社の継続が決定された以上，その合同会社はもはや清算合同会社ではな

27　論点体系会社法(4)541頁［梅村悠］
28　会社法コンメ(15)153頁［出口正義］
29　新版注釈会社法(1)376頁［平出慶道］
30　このような見解として，立花・前掲（注25）274頁。

いことから，合同会社の継続が決定した時に持分を一般承継した者は「退社」[31]
する（持分の払戻しを受ける）と考えるのが合理的であるように思われる。た
だし，この点については実務上の対応も難しいことから，合同会社の継続を決
定するに際して，相続や合併により持分を引き継いだ「社員」の意向も踏まえ，
事前に十分な協議を行っておくことが望ましい。

Ⅲ　解散・清算の登記

　合同会社が解散したとき及び清算人が選任されたときは，解散の日や選任の
日から2週間以内に本店所在地において登記しなければならない（会社法926条，
928条2項・3項）。実務上は，解散登記と清算人登記は同時に申請されること
が多い。なお，合同会社の場合には，清算人及び代表清算人の職務執行者につ
いては，氏名だけでなく住所も登記されるため留意を要する（会社法928条2項
1号・3号）。また，合同会社が継続することとなったときは，2週間以内に，
同様に本店所在地において登記する（会社法927条）。

　さらに，清算が結了したときには，社員の承認が得られてから2週間以内に，
本店所在地において清算結了登記をしなければならない（会社法929条3号）。
解散登記も清算結了登記も，解散及び清算結了の効力を生じさせるものではな
く，解散事由が生じた時点で解散し[32]，清算結了とともに法人格は消滅する（上
述）。

31　そもそも持分を一般承継した者の地位について，当該者が社員となるか否かについてすら，必ず
　しも明らかではないのが実情である（会社法コンメ⒂263頁［松元暢子］参照）。とはいえ，実務上
　は，一般承継人を社員と同様に扱って手続を進めることとなろう。そのため，上記でも，一般承継
　人が社員と同等の権限がある前提で検討を行っている。

32　新版注釈会社法⑴375頁［平出慶道］

第 **9** 章

法人の目的別・法人選択の考え方と留意点

　最後に第9章では，これまで各章で検討してきた内容を踏まえて，各場面に応じて，どのように法人形態（株式会社か合同会社か）を選択すればよいのか，またその場合の留意点について検討する。

I　総　論

　まず，株式会社と合同会社における重要な差異は，株式会社は不特定多数の者が株主となることが想定されていたのに対して，合同会社は組合的規律を採用しており，社員持分の異動は例外的な事象である，という点に起因していた。そのため，出資者が相当数になることが想定される場合（特にそう遠くないうちに上場が見込まれている場合）には，株式会社を選択すべきである（なお，国内の各証券取引所における上場規程等では「株券」がその対象となっているため，そもそも合同会社が日本国内で上場する途はいまのところ存在していない。）。もちろん，合同会社を選択することに一定の合理性があるときは，いったん合同会社として設立しておき，上場前に組織変更することも考えられるが，その場合には組織変更のスケジュールや組織変更に必要な費用についても十分留意しておく必要があろう。

　他方で，合同会社の大きな特徴の一つは，広い定款自治であることから，株式会社にはないような意思決定機関や役職を置いたり，特定の決議事項を役員（業務執行社員）限りで決議したりすることも可能である。そのため，こうした柔軟な組織構成や意思決定手続を採用するニーズがある場合には，合同会社を選択肢に含めるべきである。例えば，すでに存在している集団（組合や人格なき社団等）を法人化するに際して，これまでと同じ意思決定方法により運営したいような場合や，相互の信頼関係に基づいて部門ごとに自由な業務決定を行わせ，株主総会のような総社員による意思決定をできる限り排除したいような場合に，合同会社のメリットを大きく活かせることとなる。

　しかしながら，合同会社を選択する場合に特に注意すべきは，合同会社持分の時価計算について，税務上不安定な点があることである。特に，新たな社員

が出資を行う場合や，既存社員の持分が譲渡されるような場合には，過去に行われた配当に応じて時価を調整する必要があるなど，慎重な時価計算が必要となる。これを回避するためには，株式会社と同様の分配方法（各期の利益剰余金は各社員に帰属せず，利益の配当は原則として全社員に対して同時に行われるような仕組み）を定款において定める必要があるが，定款の文言を適切に定めないと想定外の分配がなされる可能性が生じてしまう[1]。

　以上からすれば，社員が複数人で，持分の譲渡が当初から想定されるような場合には，株式会社を利用するほうが，こうしたリスクは少ないともいえよう。他方，複雑なことをしようとすればするほど株式会社と合同会社との差異がより大きな影響を生じさせることとなるものの，社員が複数となる場合であっても追加出資や持分の譲渡は基本的に想定されないのであれば，合同会社を選択したとしても大きなリスクを負うことにはならないと考えられる。

　さて，株式会社と合同会社の違いについて，これまでの各章で検討してきたものを簡単にまとめると，大要**図表9－1**のとおりとなる。

1　そもそも株式会社と全く同一の分配方法（及び損益帰属方法）を定めることができるのか，という点についても十分な検討が必要である。どんなに株式会社と同じ計算となるように定款を定めたとしても，前提となる会社法の適用条文が異なる以上，規定外の事項が生じた際に，株式会社と全く同じように解釈される保証はない。この点に関してはコラム⑭も参照されたい。

【図表9－1】 株式会社と合同会社の差異・まとめ

	株式会社	合同会社
基本的な特徴	会社法によるカタログ化：不特定多数の株主や債権者の利害調整	組合的規律：自由な組織設計
設立・定款認証	発起人による手続進行 定款認証必要	発起人等の規制なし 定款認証不要
機関設計	株主総会・取締役・取締役会・監査役等の開催・選任・設置が必要	業務執行社員に関する規定があるほかは原則として自由
株式・持分の譲渡	原則：自由 ^(注) 例外：譲渡制限付株式	原則：社員全員／業務執行社員全員の同意 例外：定款の定め
株式・持分の承継	原則：自由 例外：相続人等に対する売渡請求	原則：不可（法定退社事由） 例外：一般承継人が持分を承継する
出資の取扱い	出資の半額以上を資本金に計上	資本金又は資本剰余金に任意に計上
配当	原則：同一種類の株式に対して一律に配当（種類ごとに異なった配当は可能） 例外：属人的株式	前提：合同会社の損益が定款等に従って各社員に帰属 原則：各社員は自己に帰属した利益の配当を請求 例外：定款の定め
組織再編	合併，会社分割，株式移転，株式交換，株式交付すべて可能	合併，会社分割，株式交換完全親会社となる株式交換のみ可能

(注) 実際には上場会社でない限り，譲渡制限が付されるのが一般的である。

　以上を前提に，会社設立の目的に応じて検討する。

Ⅱ　SPC等としての利用

　合同会社は，一定のプロジェクトのために用いられる「箱」（SPC²）やファ

2　Special Purpose Company

ンドのGP（無限責任組合員）[3]として設立されることも多い。これは，株式会社と同様に構成員（社員）の有限責任が認められていることに加えて，設立に際して必要となる時間的・金銭的コストが株式会社よりも小さいためと考えられる。すなわち，一人会社として設立する場合，定款認証が必要ではないことに加え，一人会社であれば昨今では1週間ほどあれば設立登記までを完了させることも可能となってきていることから，特にビジネススピードが求められる場面・業界において，スケジュールの制約度合いが相対的に小さいこと，また定款認証が不要となるほか，相当程度の出資を伴う場合における登録免許税の節約が可能であることによるものである。

　さらに運営の面から見ても，SPCにおいては親会社等が意思決定に直接関与するケースが多いため，法人がそのまま業務執行社員となることができ，株主総会等の開催も要請されない合同会社は，SPC等と親和性が高いと思われる。確かに親会社等が業務執行社員となったとしても職務執行者を通じて合同会社の運営をコントロールすることになるため，親会社等の従業員を取締役として選任する場合と大差ないようにも思われるが，職務執行者は親会社等の判断のみで選解任できるため，より運営上のコストを小さくすることができるのである[4]。

　他方で，合同会社の持分への担保設定は株式の場合と異なることには注意が必要である。すなわち，株式会社の場合には略式株式質や譲渡担保等の手続や実務が確立しており，また略式株式質であれば（株券発行会社とした上で）株券を質権者に交付すれば足りることから，実務上，ローンを引いてくる際に担保に供しやすいといえるが，合同会社の持分については質権設定という形で担保

3　なお，昨今ではGPとして有限責任事業組合（LLP）を組成する事例も散見される。これは主として，LLPは税務上パススルーとなるため各組合員において税務メリットを受けられることによる。
4　例えば職務執行者の選任のためにも親会社等の取締役会議事録の作成が求められるが，これは通常の業務運営の中で決議が一つ増えるにすぎないものの，株式会社を選択したような場合，子会社側（別の法人）において全く別の会議体（株主総会）を開催し議事録を作成するのは，（仮に書面決議であったとしても）その内容によっては（特に登記も関係する場合）時間的にも金銭的にもコストがかかることがある。日本側で合同会社の運営に関与する場合には大きなコスト負担にならないことも多いが，外国法人が親会社等となる場合には，こうした手続コストが嫌忌されることもある。

設定されることもあるものの，この取扱いが実務上（知識として）十分に浸透しているとはいいがたく，必ずしも直接的な先例となる裁判例があるものでもないため，担保価値がある財産として扱われるとは限らないのである。

　また，EXITの手段として持分を第三者に譲渡するような場合にもやはり留意が必要となる。すなわち，社員が複数存する場合で一部の社員のみが持分の譲渡によって簡易にEXITを試みる場合，定款で別段の定めを置かないと，業務執行社員である場合には社員全員の，非業務執行社員である場合には業務執行社員全員の同意が必要となるため，株式会社におけるデフォルトルール（株主総会決議又は取締役会決議）よりも承認要件が重くなるのである（要するに1人でも反対してしまうと譲渡が承認されないのである。）。この場合にEXITしたい社員としては事業年度終了時における又はやむを得ない事由による任意退社を試みるしかなくなるが，たとえ退社が認められたとしても，あくまで退社時点における退社社員の出資額と帰属損益に基づいて持分の払戻しが行われるにすぎないため，将来収益等も踏まえた価値算定を行った場合と同額の対価を受けられるとは限らない[5]。

　持分の担保提供については貸主（金融機関）の理解を得るほかないが，EXITにおける不都合については定款上である程度は対応ができるため，SPC等として設立する際には十分な検討を事前に行っておくことが望ましい。

Ⅲ　資産管理会社としての利用

　一般に資産管理会社とは，個人の財産管理及び承継を目的として設立された会社を指す。資産管理会社の特徴としては，最終的に1人又はごく少数の個人によって支配されていることが多いこと，またあくまで資産管理を行う会社であるため，事業を行っているとしても小規模であるか，投資活動を中心に行っ

5　なお，これはあくまでEXITとして持分譲渡を想定する場合のものであって，むしろそうしたEXITを認めない場合には，事業年度終了時における任意退社を認めない旨の規定を定款に設けておく等の対応が必要となる。

ていることが挙げられる。

資産管理会社として合同会社が選択される理由は，主に，現物出資の際に検査役の選任が求められないことと，多額の出資による高額の登録免許税を回避できることが挙げられる。特に後者については，例えば10億円の出資を行う場合，株式会社であれば最低でも350万円（＝10億円×1／2×0.7%）の登録免許税が必要となるが，合同会社であればこれを回避できるのである。資産管理会社の場合，上記のとおり規模の大きな事業を行っていることもないため，株式会社のようなカタログ化された機関設計を行うことはあまり要請されず，また株式会社とすることによってかえって役員の再任が必要となったり，決算公告が求められたりと，管理コストが増加することになりかねないのである。また，会社法上の種類株式の規定にとらわれずに，各社員の権利内容を定められる点も魅力的である。

他方，最も注意が必要なのは，定款上の手当がないと社員の死亡により社員を欠くこととなってしまう点である。資産管理会社たる合同会社は，その持分を家族（配偶者や子）に承継させることを想定している場合がほとんどであるため，相続に伴う承継を認めないと，そもそも資産管理会社としての目的を十全に果たしていないこととなりかねない。

さらに，複数人の家族が社員となる場合で，特定の社員のみが追加出資を行うときには，損益分配割合の調整を適切に行わないと，社員間の利益移転に基づく課税が生じるリスクがある。資産管理会社は上記のとおり投資活動を行う例も多く，その場合には保有する資産が多額になりうるため，合同会社において多額の未実現の利益が生じやすいのである。そして，こうした未実現の利益は本来既存の持分に帰属すべきものであるにもかかわらず，追加出資によっても出資額ベースでの分配としたままだと，他の持分に帰属すべきであった利益が，追加出資により新たに取得された持分に移転してしまうことになるのである（第4章I 3(2)参照）。

なお，資産管理会社の保有資産によっては，資産管理会社の株式を担保に金銭の借入れを行う事例や，複数の資産管理会社の組織再編を行う事例，資産管

理会社の株式に信託設定する事例などがあるが，いずれの場合も，株式会社によるほうが実務上の安定度が高い。

　以上に加えて，第3章Ⅵ2のとおり特殊な権利義務を定めた持分の評価方法についても，事前の十分な検討が不可欠である。

　以上要するに，設立時の手続やコストにのみ着目すれば，多額な出資が想定される場合には合同会社の選択が合理的であるものの，上記リスクを踏まえると，合同会社が常に有利とは限らず，株式会社と比較衡量し，いずれが望ましいか慎重に検討することが重要である。特に思わぬ退社が生じたり，追加出資による価値移転が生じたりすると，合同会社を選択することによって節約できたコスト以上の不利益が生じることになりかねないため，注意が必要である。

Ⅳ　事業会社としての利用

1　ジョイント・ベンチャー型

　制度創設当初は，ジョイント・ベンチャー型や，特定の社員のノウハウ等を利用するベンチャー型の利用が想定されていたが，まずジョイント・ベンチャー型について検討する。

　ジョイント・ベンチャー型とする場合には，社員が複数人生じることとなる上，EXITとして持分の譲渡が想定されうることから，設立時点において株主・社員間の権利義務関係をあらかじめ詳細に定めておく必要性が特に高い。ジョイント・ベンチャー型の株式会社を利用する場合には会社・株主間契約を締結することとなるが，実務上，その内容については相当程度確立している[6]。例えば，ガバナンスに関する事項や議決権の行使に関する事項，株式の譲渡に関する事項等が定められることとなる。

　これに対して合同会社を利用する場合，こうした会社・株主間契約で定める

---

[6]　具体的には田中亘ほか編『会社・株主間契約の理論と実務－合弁事業・資本提携・スタートアップ投資』31頁以下（有斐閣，2021年）等

べき事項の多くは定款に規定することとなろう。しかしながら，株式会社と比較して合同会社のガバナンスや議決権行使の仕組みは全く異なっていることから，規定すべき項目としては似たものとなっても，その内容（具体的な条項や規定ぶり）は大きく異なる部分も想定される。これに加えて，社員が複数となるような場合には税務上の安定性が劣る点も指摘できよう。

　結局，株式会社であれば実務上確立しつつある会社・株主間契約を利用することで対応できるのに，あえて法務・税務上不安定となりうる合同会社を選択するメリットをなかなか見出しにくいのが実情であろう。

2　スタートアップ型

　また，上記1でも言及した特定の社員のノウハウ等を利用するベンチャー型も含む，スタートアップ型としての合同会社の利用について検討する。

　まず特定の社員のノウハウ等を利用する場合，当該社員は他の社員の出資割合よりも大きい割合で損益分配を受けることが想定されるが，提供されるノウハウ等の価値に応じて損益割合が適切に設定されていないと，税務上のリスクを孕むこととなり，予測可能性が乏しい。

　また，一般的なスタートアップ型については，やはりジョイント・ベンチャー型と同様に，実務上，会社・株主間契約が利用されており，その内容も相当程度確立されてきている[7]。こうした中で，あえて合同会社を利用するメリットを見出しにくいのは，ジョイント・ベンチャー型と同様である。

　これに加えて，特にスタートアップ型では，設立後に投資家からの出資を受け，最終的には上場（IPO）を目指す事例が多い。そのため，株式会社であれば投資家に対して配当優先株式を発行することで資金調達を行い[8]，従業員に対しては上場へ向けたインセンティブとしてストックオプション[9]を交付し，最終的には証券取引所において新規上場を行うこととなる。他方で合同会社の場

7　その具体的な内容については，田中ほか・前掲（注6）147頁以下，宍戸善一ほか編『スタートアップ投資契約－モデル契約と解説』373頁以下（商事法務，2020年）等参照
8　その内容については，例えば宍戸ほか・前掲（注7）365頁以下参照

合，種類株式としての資金調達はできず，新たに社員となる投資家ごとに権利内容を定款に書き込む必要があり，また新株予約権のような会社法に具体的に定められた制度を利用することはできず，あくまで契約上の権利としてのオプションを付与することとなり，さらに上場直前では（合同会社の持分は上場できないため）株式会社に組織変更することとなる。

こうした点を踏まえると，（とりわけ上場を目指す）スタートアップ型として合同会社を選択するメリットは，現在のところ，ほとんどないといってよい[10]。

3　その他の事業会社

以上，特徴的な二つの型としてジョイント・ベンチャー型とスタートアップ型を検討したが，最後に，一般的な事業会社として株式会社と合同会社の選択に関して検討する。

まず合同会社のメリットとして，合同会社の場合には管理コストが小さく済むことや，意思決定の迅速さも指摘されることがある[11]。実際，合同会社はその規模に関係なく会計監査人の選任は求められていないし，また取締役会の開催も求められていないことから，最小限の人員により業務決定を行うことができるのである。この点は，特に事業規模が大きくなる場合には重要な点となろう。

また，上記の点と関連するが，柔軟な機関設計を可能とする点は合同会社のメリットとなる。ただし，これに関しては，大きな取引を行う場合に相手方から適法な機関決定がなされたことを証する書類を求められたときに，独自の機関設計（意思決定プロセス）を定めているときには，理解が得にくかったり，必要以上に時間がかかってしまう可能性があり，同時にデメリットとなりうる

9　株式会社であれば新株予約権として交付するのが一般的である。例えば，その内容については松尾拓也ほか編著『インセンティブ報酬の法務・税務・会計－株式報酬・業績連動型報酬の実務詳解』117頁以下（中央経済社，2017年）参照。

10　もちろん，スタートアップ型として利用すること自体は全く否定されないし，今後の実務動向によっては，合同会社の利用が進む可能性もある。あくまでも現時点における実務を前提としたものにすぎない。

11　子会社としての利用の場面であるが，例えば森本滋編『合同会社の法と実務』378-379頁（商事法務，2019年）

点には注意を要する[12]。

　他方，デメリットとして事実上指摘される点として，「合同会社」という名称の認知度がある。すなわち，株式会社と比較した場合，残念ながら合同会社はまだ一般的に知られている名称（制度）ではないため，事業を行う上での信用に影響が出る可能性がある点が挙げられる。ただし，昨今では合同会社の数も増加してきており（第1章Ⅰ2参照），制度創設当初と比較して認知度が低いことによる信用力の低さについてはデメリットとなりづらくなってきているように思われる[13]。

　また，上記Ⅱ記載のとおり，借入れを行う場合において持分の担保提供が難しい可能性がある点も指摘できる。

　さらに，資本金の額の減少が難しい点も指摘できよう。資本金の額は，例えば労働基準法や中小企業基本法の「中小企業者」や，下請法の「親事業者」「下請事業者」の基準の一つとなっているため，これらに該当させるため，あるいは該当させないために資本金の減少が検討されることがある。また，資本金の額は留保金課税や外形標準課税等，税務上も影響が出る部分である。しかしながら，合同会社の資本金の減少は一定の場合（出資の払戻し，持分の払戻し又は損失てん補）にしかできないため，柔軟な対応が難しいのである。

12　大きな取引（例えば銀行借入れ）を行う場合に，株式会社（取締役会設置会社）であれば取締役会議事録を示せば，それだけで，一応，適法な意思決定が行われたことが推察できる。これに対して，例えば合同会社において業務執行社員を理事とした上で理事会を設置し，さらに理事会の決議においては独自に定めた監事の異議がないことを要するものとしよう。この場合，理事会の存在は登記されているわけではないため，取引相手（銀行）からすると，理事会の議事録を提示されても，それをもって適法に意思決定がなされたかどうかはわからないのである。一応業務執行社員の過半数の同意が得られていることが確認できていれば民法93条1項本文により救済されうるが，より慎重な取引相手であれば，定款の提出が求められることもあろう。そもそも会社法は，合同会社における業務決定について定款の別段の定めによる変更を当然に想定していることから（会社法591条1項），合同会社である時点で，定款の提供まで求められることも十分にあり得よう。

13　認知度という観点からすれば，特に米国に親会社を持つ大規模な事業会社が合同会社を子会社として利用している事例もあるなど，日常において合同会社の名称を見ることも多くなった。他方で，既存の法人を前提にすると合同会社の数はまだまだ多いとはいえないため，公的な書類における法人形態選択欄において，合名会社や合資会社はあるのに合同会社がなく，「その他」を選ばざるを得ないこともある。

　事業会社として株式会社と合同会社のどちらを利用するかについては，以上のメリット・デメリットを検討した上で，事業内容や事業規模，社員数，機関設計等の事情を考慮して決定することとなろう。

V　グループ会社の子会社としての利用

　最後に，グループ会社の一つとして子会社を設立する場合における株式会社と合同会社の選択について検討する。

　まず第一に，基本的に親会社による完全支配関係下にあれば，グループ法人税制により，寄附受贈等による課税は直ちには生じないため，仮に合同会社を選択した場合で，その社員が複数のグループ法人となっていたとしても，直ちに影響が出る事態は生じにくい（ただし，当然ながらグループから外れる場合等において繰り延べられていた課税が実現する場合もある。）。

　次に，合同会社は株式交換，株式移転，及び株式交付において制約があるため，全体のストラクチャーを再編する際の障害となりうる点は，株式会社と比較した場合のデメリットとして指摘できる。

　また，子会社が資産管理を目的としたものであれば格別，実際に事業を行う場合には，特に上記Ⅳ3で検討した点の多くがそのまま当てはまることとなる。

　他方で，もし親会社が，米国その他合同会社がパススルーとして扱われうる法域において設立されている場合には，親会社において税務メリットを受けられることとなり，これは親会社にとって大きな利点となり得よう。

　結局，子会社として合同会社が利用されるのは，現状，事業規模が小さいか，そもそも事業を行わない会社である場合や，親会社本国（特に米国）においてパススルー課税のメリットを受けたい子会社である場合に限定されるのではないかと考えられる。しかしながら，グループの子会社として合同会社を利用するメリットもあり，特にその設立コストや管理コストを踏まえ，株式会社ではなく合同会社が選択される事例も，少しずつではあるが増えてきているように思われる。

事項索引

判例索引

最高裁判所

高等裁判所

地方裁判所

【著者紹介】

安部　慶彦（あべ　よしひこ）

鹿島台総合法律事務所　弁護士・税理士
2013年早稲田大学法学部卒業
2015年東京大学法科大学院修了
2016年弁護士登録
2017年〜2024年森・濱田松本法律事務所
2023年税理士登録・中小企業診断士登録
2024年鹿島台総合法律事務所

[主な著作]

「デラウェア州法におけるLPSの法人性に関する一考察」税研31巻4号（2015年）（第38回日税研究賞入選）

『契約書作成に役立つ税務知識Q&A［第2版］』（中央経済社，2018年，共著）

『Q&Aタックスヘイブン対策税制の実務と対応』（税務経理協会，2019年，共著）

『設例で学ぶオーナー系企業の事業承継・M&Aにおける法務と税務［第2版］』（商事法務，2022年，共著）

『一族内紛争を予防・解決するファミリーガバナンスの法務・税務』（中央経済社，2023年，共著）

詳解　合同会社の法務と税務

2023年5月25日　第1版第1刷発行
2024年7月30日　第1版第4刷発行

著　者　安　　部　　慶　　彦
発行者　山　　本　　　　　継
発行所　㈱中　央　経　済　社
発売元　㈱中央経済グループ
　　　　パ　ブ　リ　ッ　シ　ング

〒101-0051　東京都千代田区神田神保町1-35
電話　03（3293）3371（編集代表）
　　　03（3293）3381（営業代表）
https://www.chuokeizai.co.jp
印刷／東光整版印刷㈱
製本／㈲井上製本所

© 2023
Printed in Japan